KU-755-509

CONTENTS

HARRAP

FRENCH VERBS

Compiled by
LEXUS

with
Sabine Citron

HARRAP

This edition published by Chambers Harrap Publishers Ltd 2002
7 Hopetoun Crescent, Edinburgh, EH7 4AY

Previous edition published 1987

© Chambers Harrap Publishers Ltd 2002

ISBN 0245 60705 6

Reprinted 2003, 2004, 2005

Designed and typeset by Chambers Harrap Publishers Ltd
Printed in Great Britain by Clays Ltd, St Ives plc

THE MAIN VERB CATEGORIES

There are three main conjugations in French, each one distinguished by the ending of its infinitive:

- ❑ verbs in -ER
- ❑ verbs in -IR
- ❑ verbs in -RE

A. First Conjugation: verbs in -ER

Most of these follow the pattern of **chanter** ('to sing'), which is given in full in table 31. See **D.** below, however, for standard irregularities.

B. Second Conjugation: verbs in -IR

Most of these follow the pattern of **finir** ('to finish'), which is given in full in table 92.

C. Third Conjugation: verbs in -RE

These follow several different patterns; consult the index for the conjugation of individual verbs.

D. Standard Irregularities of the First Conjugation

1. Verbs in -cer

These require a cedilla under the **c** before an **a** or an **o** to preserve the soft sound of the **c**. The model for these verbs is **commencer** ('to begin'), given in full in table 34. For example:

je commence *but* nous commençons
nous commencions *but* je commençais

2. Verbs in -ger

These require an **e** after the **g** before an **a** or an **o** to preserve the soft sound of the **g**. The model for these verbs is **manger** ('to eat'), given in full in table 116. For example:

> je mange *but* nous mangeons
> nous mangions *but* je mangeais

3. Verbs in -eler

Some of these double the **l** before a silent **e** (changing **-el-** to **-ell-**). The model for these verbs is **appeler** ('to call'), given in full in table 14. For example:

> j'appelle *but* vous appelez
> il appellera *but* il appela

Others change **-el-** to **-èl-** before a silent **e**. The model for these verbs is **peler** ('to peel'), given in full in table 142. For example:

> je pèle *but* je pelai
> il pèlera *but* il pelait

Consult the index to find out which pattern a particular verb follows.

4. Verbs in -eter

Some of these double the **t** before a silent **e** (changing **-et-** to **-ett-**). The model for these verbs is **jeter** ('to throw'), given in full in table 108. For example:

> je jette *but* je jetais
> il jettera *but* il jeta

Others change **-et-** to **-èt-** before a silent **e**. The model for these verbs is **acheter** ('to buy'), given in full in table 3. For example:

> j'achète *but* j'achetai
> vous achèterez *but* vous achetiez

Consult the index to find out which pattern a particular verb follows.

5. Verbs in e + consonant + er

Verbs ending in **-ecer**, **-emer**, **-ener**, **-eser**, **-ever** and **-evrer** follow the general pattern of **acheter** and **peler**, changing their **-e-** to **-è-** before a silent **e**. Individual models for these verbs are given in the tables: **dépecer** (58), **semer** (185), **mener** (119), **peser** (146), **élever** (73), **sevrer** (190). For example:

je pèse *but* je pesais
nous mènerons *but* nous menions

6. Verbs in é + consonant + er

Verbs ending in **-écer, -éder, -éger, -éler, -émer, -éner, -érer, -éser** and **-éter**, as well as **-ébrer, -écher, -écrer, -égler, -égner, -égrer, -éguer, -équer** and **-étrer** change the **-é-** to **-è-** before a silent **e** in the present indicative and subjunctive, but not in the future and conditional. Models for these verbs are given in the tables: **rapiécer** (165), **céder** (29), **protéger** (163), **révéler** (178), **écrémer** (71), **réfréner** (167), **préférer** (156), **léser** (114), **compléter** (35), **célébrer** (30), **sécher** (184), **exécrer** (88), **régler** (168), **régner** (169), **intégrer** (104), **léguer** (113), **disséquer** (64), **pénétrer** (143). For example:

je préfère *but* je préférerai
il célèbre *but* il célébrerait

7. Verbs in -oyer and -uyer

The **y** changes to **i** before a silent **e**. The models for these verbs are **nettoyer** (129) and **ennuyer** (78). For example:

je nettoierai *but* je nettoyais
tu ennuies *but* tu ennuyas

8. Note that verbs in **-ayer**, such as **payer** (140), do not generally change the **y** to **i**, although this spelling also exists.

USE OF TENSES

A. Indicative

1. Present

The present is used to describe a current state of affairs or an action taking place at the time of speaking:

> **il *travaille* dans un bureau**
> he *works* in an office

> **ne le dérangez pas, il *travaille***
> don't disturb him, he *is working*

It can also be used to express the immediate future:

> **je *pars* demain**
> I'*m leaving* tomorrow

2. Imperfect

The imperfect is a past tense used to express what someone was doing or what someone used to do or to describe something in the past. The imperfect refers particularly to something that *continued* over a period of time, as opposed to something that happened at a specific point in time:

> **il *prenait* un bain quand le téléphone a sonné**
> he *was having* a bath when the phone rang

> **je le *voyais* souvent quand il *habitait* dans le quartier**
> I *used to see* him often when he *lived* in this area

> **elle *portait* une robe bleue**
> she *was wearing* a blue dress

3. Perfect

The perfect is a compound past tense, used to express *single* actions which have been completed, ie what someone did or what someone has done/has been doing or something that has happened or has been happening:

> **je lui *ai écrit* lundi**
> I *wrote* to him on Monday

> **j'*ai lu* toute la journée**
> I'*ve been reading* all day

Note that in English, the simple past ('did', 'went', 'prepared') is used to describe both single and repeated actions in the past. In French, the perfect describes only single actions in the past, while repeated actions are expressed with the imperfect. Thus 'I went' should be translated 'j'allais' or 'je suis allé' depending on the nature of the action:

> **après dîner, je *suis allé* en ville**
> after dinner, I *went* to town

> **l'an dernier, j'*allais* plus souvent au cinéma**
> last year, I *went* to the cinema more often

4. Past Historic

This tense is used in the same way as the perfect tense, ie to describe a single, completed action in the past (what someone did or something that happened). It is a *literary* tense, not used in everyday spoken French. It is mainly found in *written* form as a narrative tense:

> **le piéton ne *vit* pas arriver la voiture**
> the pedestrian *didn't see* the car coming

5. Pluperfect

This compound tense is used to express what someone had done or had been doing or something that had happened or had been happening:

> **elle était essoufflée parce qu'elle *avait couru***
> she was out of breath because she *had been running*

6. Future

This tense is used to express what someone will do or will be doing or something that will happen or will be happening:

> **je *ferai* la vaisselle demain**

I'*ll wash the dishes* tomorrow

7. Past Anterior

This tense is used instead of the pluperfect tense to express an action that preceded another action in the past (ie a past in the past). It is usually introduced by a conjunction of time (translated by 'when', 'as soon as', 'after' etc):

il se coucha dès qu'ils *furent partis*
he went to bed as soon as they *had left*

8. Future Perfect

This compound tense is used to describe what someone will have done or will have been doing in the future or to describe something that will have happened in the future:

appelle-moi quand tu *auras fini*
call me when you'*ve finished*

B. Imperative

The imperative is used to give orders:

mange ta soupe!	eat your soup!
n'aie pas peur!	don't be afraid!
partons!	let's go!
entrez!	come in!

C. Conditional

1. Conditional Present

This tense is used to describe what someone would do or would be doing or what would happen (if something else were to happen):

si j'étais riche, j'*achèterais* un château
if I were rich, I *would buy* a castle

It is also used in indirect questions or reported speech instead of the future:

il ne m'a pas dit s'il *viendrait*

he didn't tell me whether he *would come*

2. Past Conditional

This tense is used to express what someone would have done or would have been doing or what would have happened:

si j'avais su, j'*aurais apporté* du pain
if I had known, I *would have brought* some bread

D. Subjunctive

The subjunctive is used to express doubts, wishes, necessity etc. It appears only in subordinate clauses and is introduced by the conjunction **que**.

1. Present Subjunctive

il veut que je *parte*
he wants me *to go away*

il faut que tu *restes* ici
you have *to stay* here

2. Imperfect Subjunctive

The imperfect subjunctive, used in past subordinate clauses, is very rare in conversation and is mainly found in literature or in texts of a formal nature:

je craignais qu'il ne *se fachât*
I was afraid that he *would get angry*

3. Perfect Subjunctive

The perfect subjunctive is used when the action expressed in the subordinate clause happens before another action:

je veux que tu *aies terminé* quand je reviendrai
I want you to *be finished* when I come back

E. Infinitive

1. Present Infinitive

This is the basic form of the verb. It is recognized by its ending, which is found in three forms corresponding to the three conjugations: **-er**, **-ir**, **-re**.

These endings give the verb the meaning 'to ...':

acheter	to buy
choisir	to choose
vendre	to sell

2. Past Infinitive

The perfect infinitive is used instead of the present infinitive when the action expressed by the infinitive happens before the main action or before what is referred to by the main verb:

> **je regrette d'***avoir menti*
> I'm sorry I *lied* (for *having lied*)

F. Participle

1. Present Participle

This corresponds to the English participle in **-ing** ('eating'), but is less commonly used (French prefers constructions with the infinitive):

> **en marchant**
> while walking

2. Past Participle

This translates the English past participle ('eaten', 'arrived') and is used to form all the compound tenses:

> **un pneu *crevé***
> a *burst* tyre

> **j'ai trop *mangé***
> I've *eaten* too much

For rules governing the agreement of the past participle, see pp 15-16.

THE AUXILIARIES 'ÊTRE' AND 'AVOIR' IN COMPOUND TENSES

Compound tenses of verbs – such as the past historic, the pluperfect and so on – are formed by using the appropriate form of the auxiliary verbs '**avoir**' or '**être**' and the past participle of the main verb:

il a perdu
he lost

je suis parti
I left

AUXILIARY 'AVOIR' OR 'ÊTRE'?

❑ *'AVOIR'* is used to form the compound tenses of most verbs.

❑ *'ÊTRE'* is used to form the compound tenses of:

a. reflexive verbs:

je me *suis* baigné
I had a bath

ils se *sont* rencontrés à Paris
they met in Paris

b. the following verbs (mainly verbs of motion):

aller	to go
arriver	to arrive
descendre	to go/come down
devenir	to become
entrer	to go/come in
monter	to go/come up
mourir	to die
naître	to be born
partir	to go away
passer	to pass, to go through
rentrer	to go in/home
rester	to stay

retourner	to go back
sortir	to go/come out
tomber	to fall
venir	to come

and most of their compounds (eg **repartir, survenir** etc). Some of these verbs can be used transitively, ie with a direct object (taking on a different meaning). They are then conjugated with '**avoir**':

> il *est* **sorti hier soir**
> he went out last night

but

> il *a* **sorti un mouchoir de sa poche**
> he took a handkerchief from his pocket

> elle *est* **retournée en France**
> she's gone back to France

but

> elle *a* **retourné la lettre à l'expéditeur**
> she returned the letter to the sender

In the index, verbs are always cross-referred to a verb taking the same auxiliary, unless otherwise stated in a footnote.

AGREEMENT OF THE PAST PARTICIPLE

A. Use as an Adjective

When it is used as an adjective, the past participle always agrees with the noun or pronoun to which it refers:

> **une pomme *pourrie***
> a rotten apple

> **ils étaient *fatigués***
> they were tired

B. In Compound Tenses

1. With the auxiliary 'avoir'

With the auxiliary **'avoir'** the past participle does not normally change:

> **elles ont *mangé* des frites**
> they ate some chips

The past participle agrees in number and gender with the direct object only when the direct object comes *before* the participle, ie in the following cases:

a. *in a clause introduced by the relative pronoun* **'que'**

> **la valise qu'il a *perdue***
> the suitcase he lost

b. *with a direct object pronoun*

> **je l'ai *vue* hier**
> I saw her yesterday

c. *in a clause introduced by* **'combien de'**, **'quel'**, **'quelle'** *etc, or* **'lequel'**, **'laquelle'** *etc*

> **combien de pays as-tu *visités*?**

how many countries did you visit?

2. With the auxiliary 'etre'

In the following cases the past participle agrees with the subject of the verb:

a. *ordinary verbs with* '**être**'

> **elle était déjà *partie***
> she had already left

b. *the passive*

> **les voleurs ont été *arrêtés***
> the thieves have been arrested

c. *reflexive verbs*

The past participle of reflexive verbs agrees with the subject of the verb:

> **Marie s'est *endormie***
> Marie fell asleep

> **ils se sont *disputés***
> they had an argument

However, when the reflexive pronoun is an *indirect object*, the past participle does not agree with the subject of the verb:

> **elles se sont *écrit***
> they wrote to each other

This is also the case where parts of the body are mentioned:

> **elle s'est *lavé* les cheveux**
> she washed her hair

THE PASSIVE

The passive is used when the subject of the verb does not perform the action, but is subjected to it, eg:

>the house *has been sold*

>he *was made* redundant

Passive tenses are formed with the corresponding tense of the verb '**être**' ('to be', as in English), followed by the past participle of the verb:

>**j'ai été invité**
>I was invited

The past participle must agree with its subject:

>**elle a été renvoyée**
>she has been dismissed

The passive is far less common in French than in English. It is often replaced by other constructions:

>*on m'a volé* **mon portefeuille**
>my wallet has been stolen

>**mon correspondant** *m'a invité*
>I've been invited by my penfriend

>**elle** *s'appelle* **Anne**
>she is called Anne

>**il** *s'est fait renverser* **par une voiture**
>he was run over by a car

In the following verb table we give one model verb, '**être aimé**', in the passive voice. Other verbs follow the same pattern.

ÊTRE AIMÉ to be loved

PRESENT	IMPERFECT	FUTURE
je suis aimé(e)	j'étais aimé(e)	je serai aimé(e)
tu es aimé(e)	tu étais aimé(e)	tu seras aimé(e)
il (elle) est aimé(e)	il (elle) était aimé(e)	il (elle) sera aimé(e)
nous sommes aimé(e)s	nous étions aimé(e)s	nous serons aimé(e)s
vous êtes aimé(e)(s)	vous étiez aimé(e)(s)	vous serez aimé(e)(s)
ils (elles) sont aimé(e)s	ils (elles) étaient aimé(e)s	ils (elles) seront aimé(e)s

PAST HISTORIC	PERFECT	PLUPERFECT
je fus aimé(e)	j'ai été aimé(e)	j'avais été aimé(e)
tu fus aimé(e)	tu as été aimé(e)	tu avais été aimé(e)
il (elle) fut aimé(e)	il (elle) a été aimé(e)	il (elle) avait été aimé(e)
nous fûmes aimé(e)s	nous avons été aimé(e)s	nous avions été aimé(e)s
vous fûtes aimé(e)(s)	vous avez été aimé(e)(s)	vous aviez été aimé(e)(s)
ils (elles) furent aimé(e)s	ils (elles) ont été aimé(e)s	ils (elles) avaient été aimé(e)s

PAST ANTERIOR	FUTURE PERFECT
j'eus été aimé(e) etc	j'aurai été aimé(e) etc

IMPERATIVE	CONDITIONAL	
	PRESENT	PAST
sois aimé(e)	je serais aimé(e)	j'aurais été aimé(e)
soyons aimé(e)s	tu serais aimé(e)	tu aurais été aimé(e)
soyez aimé(e)(s)	il (elle) serait aimé(e)	il (elle) aurait été aimé(e)
	nous serions aimé(e)s	nous aurions été aimé(e)s
	vous seriez aimé(e)(s)	vous auriez été aimé(e)(s)
	ils (elles) seraient aimé(e)s	ils (elles) auraient été aimé(e)s

SUBJUNCTIVE

PRESENT	IMPERFECT	PERFECT
je sois aimé(e)	je fusse aimé(e)	j'aie été aimé(e)
tu sois aimé(e)	tu fusses aimé(e)	tu aies été aimé(e)
il (elle) soit aimé(e)	il (elle) fût aimé(e)	il (elle) ait été aimé(e)
nous soyons aimé(e)s	nous fussions aimé(e)s	nous ayons été aimé(e)s
vous soyez aimé(e)(s)	vous fussiez aimé(e)(s)	vous ayez été aimé(e)(s)
ils (elles) soient aimé(e)s	ils (elles) fussent aimé(e)s	ils (elles) aient été aimé(e)s

INFINITIVE	PARTICIPLE
PRESENT	**PRESENT**
être aimé(e)(s)	étant aimé(e)(s)
PAST	**PAST**
avoir été aimé(e)(s)	été aimé(e)(s)

DEFECTIVE VERBS

Defective verbs are verbs that are not used in all tenses or persons. Most of them are no longer commonly used, or are used only in a few set expressions. However, since their conjugation follows irregular patterns, we have given a selection of these verbs in the following tables:

211	**accroire**
5	**advenir**
211	**apparoir**
66	**braire** *(see note)*
32	**choir**
33	**clore**
52	**déchoir**
69	**échoir**
70	**éclore**
75	**enclore**
79	**s'ensuivre**
89	**faillir**
91	**falloir**
94	**foutre**
95	**frire**
98	**gésir**
109	**oindre** *(see note)*
211	**ouïr**
135	**paître**
151	**poindre**
164	**puer**
170	**renaître**
182	**saillir**
187	**seoir**
66	**traire** *(see note)*

VERBAL CONSTRUCTIONS WITH THE INFINITIVE

The following verbs can all be used in infinitive constructions. The infinitive will be used either without a preposition at all, with the preposition '**à**' or with the preposition '**de**'. Note that many of these verbs can also take other constructions, eg a direct object or '**que**' with the subjunctive.

I. *VERBS FOLLOWED BY AN INFINITIVE WITHOUT A LINKING PREPOSITION:*

adorer	to love (doing)
aimer	to like (doing)
aimer mieux	to prefer (to do)
aller	to go (and do)
compter	to expect (to do)
daigner	to deign (to do)
descendre	to go down (and do)
désirer	to wish (to do)
détester	to hate (to do)
devoir	to have to (do)
écouter	to listen (to someone doing)
entendre	to hear (someone doing)
entrer	to go in (and do)
envoyer	to send (to do)
espérer	to hope (to do)
faillir	'to nearly' (do)
faire	to make (do)
falloir	to have to (do)
laisser	to let (do)
monter	to go up (and do)
oser	to dare (to do)
paraître	to seem (to do)
pouvoir	to be able to (do)
préférer	to prefer (to do)
regarder	to watch (someone do)
rentrer	to go in (and do)

savoir	to be able to (do)
sembler	to seem (to do)
sortir	to go out (and do)
souhaiter	to wish (to do)
valoir mieux	to be better (doing)
venir	to come (and do)
voir	to see (someone doing)
vouloir	to want (to do)

2. VERBS FOLLOWED BY AN INFINITIVE WITH THE LINKING PREPOSITION **à**:

s'accoutumer à	to get used to (doing)
aider à	to help (to do)
s'amuser à	to play at (doing)
apprendre à	to learn (to do)
s'apprêter à	to get ready (to do)
arriver à	to manage (to do)
s'attendre à	to expect (to do)
autoriser à	to allow (to do)
chercher à	to try (to do)
commencer à	to start (doing)
consentir à	to agree (to do)
consister à	to consist in (doing)
continuer à	to continue (to do)
se décider à	to make up one's mind (to do)
encourager à	to encourage (to do)
s'engager à	to undertake (to do)
enseigner à	to teach how (to do)
s'évertuer à	to try hard (to do)
forcer à	to force (to do)
s'habituer à	to get used (to doing)
hésiter à	to hesitate (to do)
inciter à	to prompt (to do)
s'intéresser à	to be interested in (doing)
inviter à	to invite (to do)
se mettre à	to start (doing)
obliger à	to force (to do)
s'obstiner à	to persist (in doing)
parvenir à	to succeed in (doing)
passer son temps à	to spend one's time (doing)
perdre son temps à	to waste one's time (doing)

persister à	to persist (in doing)
pousser à	to urge (to do)
se préparer à	to get ready (to do)
renoncer à	to give up (doing)
rester à	to be left (to do)
réussir à	to succeed in (doing)
servir à	to be used for (doing)
songer à	to think of (doing)
tarder à	to delay (doing)
tenir à	to be keen (to do)

3. *VERBS FOLLOWED BY AN INFINITIVE WITH THE LINKING PREPOSITION de:*

accepter de	to agree (to do)
accuser de	to accuse of (doing)
achever de	to finish (doing)
s'arrêter de	to stop (doing)
avoir besoin de	to need (to do)
avoir envie de	to feel like (doing)
avoir peur de	to be afraid (to do)
cesser de	to stop (doing)
se charger de	to undertake (to do)
commander de	to order (to do)
conseiller de	to advise (to do)
se contenter de	to make do with (doing)
continuer de	to continue (to do)
craindre de	to be afraid (to do)
décider de	to decide (to do)
déconseiller de	to advise against (doing)
défendre de	to forbid (to do)
demander de	to ask (to do)
se dépêcher de	to hurry (to do)
dire de	to tell (to do)
dissuader de	to dissuade from (doing)
s'efforcer de	to try (to do)
empêcher de	to prevent (from doing)
s'empresser de	to hasten (to do)
entreprendre de	to undertake (to do)
envisager de	to intend to (do)
essayer de	to try (to do)
s'étonner de	to be surprised (at doing)

éviter de	to avoid (doing)
s'excuser de	to apologize for (doing)
faire semblant de	to pretend (to do)
feindre de	to pretend (to do)
finir de	to finish (doing)
se garder de	to be careful not to (do)
se hâter de	to hasten (to do)
interdire de	to forbid (to do)
jurer de	to swear (to do)
manquer de	'to nearly' do
menacer de	to threaten (to do)
mériter de	to deserve (to do)
négliger de	to fail (to do)
s'occuper de	to undertake (to do)
offrir de	to offer (to do)
omettre de	to omit (to do)
ordonner de	to order (to do)
oublier de	to forget (to do)
permettre de	to allow (to do)
persuader de	to persuade (to do)
prier de	to ask (to do)
promettre de	to promise (to do)
proposer de	to offer (to do)
recommander de	to recommend (to do)
refuser de	to refuse (to do)
regretter de	to be sorry (to do)
remercier de	to thank for (doing)
résoudre de	to resolve (to do)
se retenir de	to restrain oneself (from doing)
risquer de	to risk (doing)
se souvenir de	to remember (doing)
suggérer de	to suggest (doing)
supplier de	to implore (to do)
tâcher de	to try (to do)
tenter de	to try (to do)
venir de	'to have just' (done)

PRESENT	IMPERFECT	FUTURE
j'accrois	j'accroissais	j'accroîtrai
tu accrois	tu accroissais	tu accroîtras
il accroît	il accroissait	il accroîtra
nous accroissons	nous accroissions	nous accroîtrons
vous accroissez	vous accroissiez	vous accroîtrez
ils accroissent	ils accroissaient	ils accroîtront

PAST HISTORIC	PERFECT	PLUPERFECT
j'accrus	j'ai accru	j'avais accru
tu accrus	tu as accru	tu avais accru
il accrut	il a accru	il avait accru
nous accrûmes	nous avons accru	nous avions accru
vous accrûtes	vous avez accru	vous aviez accru
ils accrurent	ils ont accru	ils avaient accru

PAST ANTERIOR	FUTURE PERFECT
j'eus accru etc	j'aurai accru etc

IMPERATIVE	CONDITIONAL	
	PRESENT	PAST
accrois	j'accroîtrais	j'aurais accru
accroissons	tu accroîtrais	tu aurais accru
accroissez	il accroîtrait	il aurait accru
	nous accroîtrions	nous aurions accru
	vous accroîtriez	vous auriez accru
	ils accroîtraient	ils auraient accru

	SUBJUNCTIVE	
PRESENT	IMPERFECT	PERFECT
j'accroisse	j'accrusse	j'aie accru
tu accroisses	tu accrusses	tu aies accru
il accroisse	il accrût	il ait accru
nous accroissions	nous accrussions	nous ayons accru
vous accroissiez	vous accrussiez	vous ayez accru
ils accroissent	ils accrussent	ils aient accru

INFINITIVE	PARTICIPLE
PRESENT	PRESENT
accroître	accroissant
PAST	PAST
avoir accru	accru

ACCUEILLIR to welcome

PRESENT
j'accueille
tu accueilles
il accueille
nous accueillons
vous accueillez
ils accueillent

IMPERFECT
j'accueillais
tu accueillais
il accueillait
nous accueillions
vous accueilliez
ils accueillaient

FUTURE
j'accueillerai
tu accueilleras
il accueillera
nous accueillerons
vous accueillerez
ils accueilleront

PAST HISTORIC
j'accueillis
tu accueillis
il accueillit
nous accueillîmes
vous accueillîtes
ils accueillirent

PERFECT
j'ai accueilli
tu as accueilli
il a accueilli
nous avons accueilli
vous avez accueilli
ils ont accueilli

PLUPERFECT
j'avais accueilli
tu avais accueilli
il avait accueilli
nous avions accueilli
vous aviez accueilli
ils avaient accueilli

PAST ANTERIOR
j'eus accueilli etc

FUTURE PERFECT
j'aurai accueilli etc

IMPERATIVE

accueille
accueillons
accueillez

CONDITIONAL

PRESENT
j'accueillerais
tu accueillerais
il accueillerait
nous accueillerions
vous accueilleriez
ils accueilleraient

PAST
j'aurais accueilli
tu aurais accueilli
il aurait accueilli
nous aurions accueilli
vous auriez accueilli
ils auraient accueilli

SUBJUNCTIVE

PRESENT
j'accueille
tu accueilles
il accueille
nous accueillions
vous accueilliez
ils accueillent

IMPERFECT
j'accueillisse
tu accueillisses
il accueillît
nous accueillissions
vous accueillissiez
ils accueillissent

PERFECT
j'aie accueilli
tu aies accueilli
il ait accueilli
nous ayons accueilli
vous ayez accueilli
ils aient accueilli

INFINITIVE
PRESENT
accueillir
PAST
avoir accueilli

PARTICIPLE
PRESENT
accueillant
PAST
accueilli

ACHETER to buy

PRESENT	**IMPERFECT**	**FUTURE**
j'achète	j'achetais	j'achèterai
tu achètes	tu achetais	tu achèteras
il achète	il achetait	il achètera
nous achetons	nous achetions	nous achèterons
vous achetez	vous achetiez	vous achèterez
ils achètent	ils achetaient	ils achèteront

PAST HISTORIC	**PERFECT**	**PLUPERFECT**
j'achetai	j'ai acheté	j'avais acheté
tu achetas	tu as acheté	tu avais acheté
il acheta	il a acheté	il avait acheté
nous achetâmes	nous avons acheté	nous avions acheté
vous achetâtes	vous avez acheté	vous aviez acheté
ils achetèrent	ils ont acheté	ils avaient acheté

PAST ANTERIOR	**FUTURE PERFECT**
j'eus acheté etc	j'aurai acheté etc

IMPERATIVE	**CONDITIONAL**	
	PRESENT	**PAST**
achète	j'achèterais	j'aurais acheté
achetons	tu achèterais	tu aurais acheté
achetez	il achèterait	il aurait acheté
	nous achèterions	nous aurions acheté
	vous achèteriez	vous auriez acheté
	ils achèteraient	ils auraient acheté

SUBJUNCTIVE

PRESENT	**IMPERFECT**	**PERFECT**
j'achète	j'achetasse	j'aie acheté
tu achètes	tu achetasses	tu aies acheté
il achète	il achetât	il ait acheté
nous achetions	nous achetassions	nous ayons acheté
vous achetiez	vous achetassiez	vous ayez acheté
ils achètent	ils achetassent	ils aient acheté

INFINITIVE	**PARTICIPLE**
PRESENT	**PRESENT**
acheter	achetant
PAST	**PAST**
avoir acheté	acheté

ACQUÉRIR to acquire

PRESENT	IMPERFECT	FUTURE
j'acquiers	j'acquérais	j'acquerrai
tu acquiers	tu acquérais	tu acquerras
il acquiert	il acquérait	il acquerra
nous acquérons	nous acquérions	nous acquerrons
vous acquérez	vous acquériez	vous acquerrez
ils acquièrent	ils acquéraient	ils acquerront

PAST HISTORIC	PERFECT	PLUPERFECT
j'acquis	j'ai acquis	j'avais acquis
tu acquis	tu as acquis	tu avais acquis
il acquit	il a acquis	il avait acquis
nous acquîmes	nous avons acquis	nous avions acquis
vous acquîtes	vous avez acquis	vous aviez acquis
ils acquirent	ils ont acquis	ils avaient acquis

PAST ANTERIOR	FUTURE PERFECT
j'eus acquis etc	j'aurai acquis etc

IMPERATIVE	CONDITIONAL	
	PRESENT	PAST
acquiers	j'acquerrais	j'aurais acquis
acquérons	tu acquerrais	tu aurais acquis
acquérez	il acquerrait	il aurait acquis
	nous acquerrions	nous aurions acquis
	vous acquerriez	vous auriez acquis
	ils acquerraient	ils auraient acquis

SUBJUNCTIVE

PRESENT	IMPERFECT	PERFECT
j'acquière	j'acquisse	j'aie acquis
tu acquières	tu acquisses	tu aies acquis
il acquière	il acquît	il ait acquis
nous acquérions	nous acquissions	nous ayons acquis
vous acquériez	vous acquissiez	vous ayez acquis
ils acquièrent	ils acquissent	ils aient acquis

INFINITIVE	PARTICIPLE
PRESENT	**PRESENT**
acquérir	acquérant
PAST	**PAST**
avoir acquis	acquis

ADVENIR to happen

PRESENT	**IMPERFECT**	**FUTURE**
il advient	il advenait	il adviendra
ils adviennent	ils advenaient	ils adviendront

PAST HISTORIC	**PERFECT**	**PLUPERFECT**
il advint	il est advenu	il était advenu
ils advinrent	ils sont advenus	ils étaient advenus

PAST ANTERIOR	**FUTURE PERFECT**
il fut advenu etc	il sera advenu etc

IMPERATIVE	**CONDITIONAL**	
	PRESENT	**PAST**
	il adviendrait	il serait advenu
	ils adviendraient	ils seraient advenus

SUBJUNCTIVE

PRESENT	**IMPERFECT**	**PERFECT**
il advienne	il advînt	il soit advenu
ils adviennent	ils advinssent	ils soient advenus

INFINITIVE	**PARTICIPLE**
PRESENT	**PRESENT**
advenir	
PAST	**PAST**
être advenu	advenu

AFFAIBLIR to weaken

PRESENT	IMPERFECT	FUTURE
j'affaiblis	j'affaiblissais	j'affaiblirai
tu affaiblis	tu affaiblissais	tu affaibliras
il affaiblit	il affaiblissait	il affaiblira
nous affaiblissons	nous affaiblissions	nous affaiblirons
vous affaiblissez	vous affaiblissiez	vous affaiblirez
ils affaiblissent	ils affaiblissaient	ils affaibliront

PAST HISTORIC	PERFECT	PLUPERFECT
j'affaiblis	j'ai affaibli	j'avais affaibli
tu affaiblis	tu as affaibli	tu avais affaibli
il affaiblit	il a affaibli	il avait affaibli
nous affaiblîmes	nous avons affaibli	nous avions affaibli
vous affaiblîtes	vous avez affaibli	vous aviez affaibli
ils affaiblirent	ils ont affaibli	ils avaient affaibli

PAST ANTERIOR	FUTURE PERFECT
j'eus affaibli etc	j'aurai affaibli etc

IMPERATIVE

CONDITIONAL

	PRESENT	PAST
affaiblis	j'affaiblirais	j'aurais affaibli
affaiblissons	tu affaiblirais	tu aurais affaibli
affaiblissez	il affaiblirait	il aurait affaibli
	nous affaiblirions	nous aurions affaibli
	vous affaibliriez	vous auriez affaibli
	ils affaibliraient	ils auraient affaibli

SUBJUNCTIVE

PRESENT	IMPERFECT	PERFECT
j'affaiblisse	j'affaiblisse	j'aie affaibli
tu affaiblisses	tu affaiblisses	tu aies affaibli
il affaiblisse	il affaiblît	il ait affaibli
nous affaiblissions	nous affaiblissions	nous ayons affaibli
vous affaiblissiez	vous affaiblissiez	vous ayez affaibli
ils affaiblissent	ils affaiblissent	ils aient affaibli

INFINITIVE	PARTICIPLE
PRESENT	PRESENT
affaiblir	affaiblissant
PAST	PAST
avoir affaibli	affaibli

PRESENT	IMPERFECT	FUTURE
j'agis	j'agissais	j'agirai
tu agis	tu agissais	tu agiras
il agit	il agissait	il agira
nous agissons	nous agissions	nous agirons
vous agissez	vous agissiez	vous agirez
ils agissent	ils agissaient	ils agiront

PAST HISTORIC	PERFECT	PLUPERFECT
j'agis	j'ai agi	j'avais agi
tu agis	tu as agi	tu avais agi
il agit	il a agi	il avait agi
nous agîmes	nous avons agi	nous avions agi
vous agîtes	vous avez agi	vous aviez agi
ils agirent	ils ont agi	ils avaient agi

PAST ANTERIOR	FUTURE PERFECT
j'eus agi etc	j'aurai agi etc

IMPERATIVE	CONDITIONAL	
	PRESENT	PAST
agis	j'agirais	j'aurais agi
agissons	tu agirais	tu aurais agi
agissez	il agirait	il aurait agi
	nous agirions	nous aurions agi
	vous agiriez	vous auriez agi
	ils agiraient	ils auraient agi

SUBJUNCTIVE

PRESENT	IMPERFECT	PERFECT
j'agisse	j'agisse	j'aie agi
tu agisses	tu agisses	tu aies agi
il agisse	il agît	il ait agi
nous agissions	nous agissions	nous ayons agi
vous agissiez	vous agissiez	vous ayez agi
ils agissent	ils agissent	ils aient agi

INFINITIVE	PARTICIPLE
PRESENT	PRESENT
agir	agissant
PAST	PAST
avoir agi	agi

AIMER to like, to love

PRESENT	IMPERFECT	FUTURE
j'aime	j'aimais	j'aimerai
tu aimes	tu aimais	tu aimeras
il aime	il aimait	il aimera
nous aimons	nous aimions	nous aimerons
vous aimez	vous aimiez	vous aimerez
ils aiment	ils aimaient	ils aimeront

PAST HISTORIC	PERFECT	PLUPERFECT
j'aimai	j'ai aimé	j'avais aimé
tu aimas	tu as aimé	tu avais aimé
il aima	il a aimé	il avait aimé
nous aimâmes	nous avons aimé	nous avions aimé
vous aimâtes	vous avez aimé	vous aviez aimé
ils aimèrent	ils ont aimé	ils avaient aimé

PAST ANTERIOR	FUTURE PERFECT
j'eus aimé etc	j'aurai aimé etc

IMPERATIVE	CONDITIONAL	
	PRESENT	PAST
aime	j'aimerais	j'aurais aimé
aimons	tu aimerais	tu aurais aimé
aimez	il aimerait	il aurait aimé
	nous aimerions	nous aurions aimé
	vous aimeriez	vous auriez aimé
	ils aimeraient	ils auraient aimé

SUBJUNCTIVE

PRESENT	IMPERFECT	PERFECT
j'aime	j'aimasse	j'aie aimé
tu aimes	tu aimasses	tu aies aimé
il aime	il aimât	il ait aimé
nous aimions	nous aimassions	nous ayons aimé
vous aimiez	vous aimassiez	vous ayez aimé
ils aiment	ils aimassent	ils aient aimé

INFINITIVE	PARTICIPLE
PRESENT	PRESENT
aimer	aimant
PAST	PAST
avoir aimé	aimé

PRESENT	IMPERFECT	FUTURE
je vais	j'allais	j'irai
tu vas	tu allais	tu iras
il va	il allait	il ira
nous allons	nous allions	nous irons
vous allez	vous alliez	vous irez
ils vont	ils allaient	ils iront

PAST HISTORIC	PERFECT	PLUPERFECT
j'allai	je suis allé	j'étais allé
tu allas	tu es allé	tu étais allé
il alla	il est allé	il était allé
nous allâmes	nous sommes allés	nous étions allés
vous allâtes	vous êtes allé(s)	vous étiez allé(s)
ils allèrent	ils sont allés	ils étaient allés

PAST ANTERIOR	FUTURE PERFECT
je fus allé etc	je serai allé etc

IMPERATIVE   CONDITIONAL

	PRESENT	PAST
va	j'irais	je serais allé
allons	tu irais	tu serais allé
allez	il irait	il serait allé
	nous irions	nous serions allés
	vous iriez	vous seriez allé(s)
	ils iraient	ils seraient allés

SUBJUNCTIVE

PRESENT	IMPERFECT	PERFECT
j'aille	j'allasse	je sois allé
tu ailles	tu allasses	tu sois allé
il aille	il allât	il soit allé
nous allions	nous allassions	nous soyons allés
vous alliez	vous allassiez	vous soyez allé(s)
ils aillent	ils allassent	ils soient allés

INFINITIVE	PARTICIPLE
PRESENT	**PRESENT**
aller	allant
PAST	**PAST**
être allé	allé

PRESENT

je m'en vais
tu t'en vas
il s'en va
nous nous en allons
vous vous en allez
ils s'en vont

IMPERFECT

je m'en allais
tu t'en allais
il s'en allait
nous nous en allions
vous vous en alliez
ils s'en allaient

FUTURE

je m'en irai
tu t'en iras
il s'en ira
nous nous en irons
vous vous en irez
ils s'en iront

PAST HISTORIC

je m'en allai
tu t'en allas
il s'en alla
nous nous en allâmes
vous vous en allâtes
ils s'en allèrent

PERFECT

je m'en suis allé
tu t'en es allé
il s'en est allé
nous ns. en sommes allés
vous vs. en êtes allé(s)
ils s'en sont allés

PLUPERFECT

je m'en étais allé
tu t'en étais allé
il s'en était allé
nous ns. en étions allés
vous vs. en étiez allé(s)
ils s'en étaient allés

PAST ANTERIOR

je m'en fus allé etc

FUTURE PERFECT

je m'en serai allé etc

IMPERATIVE

va-t'en
allons-nous-en
allez-vous-en

CONDITIONAL

PRESENT

je m'en irais
tu t'en irais
il s'en irait
nous nous en irions
vous vous en iriez
ils s'en iraient

PAST

je m'en serais allé
tu t'en serais allé
il s'en serait allé
nous nous en serions allés
vous vous en seriez allé(s)
ils s'en seraient allés

SUBJUNCTIVE

PRESENT

je m'en aille
tu t'en ailles
il s'en aille
nous nous en allions
vous vous en alliez
ils s'en aillent

IMPERFECT

je m'en allasse
tu t'en allasses
il s'en allât
nous nous en allassions
vous vous en allassiez
ils s'en allassent

PERFECT

je m'en sois allé
tu t'en sois allé
il s'en soit allé
nous nous en soyons allés
vous vous en soyez allé(s)
ils s'en soient allés

INFINITIVE

PRESENT

s'en aller

PAST

s'en être allé

PARTICIPLE

PRESENT

s'en allant

PAST

en allé

PRESENT	IMPERFECT	FUTURE
j'annonce	j'annonçais	j'annoncerai
tu annonces	tu annonçais	tu annonceras
il annonce	il annonçait	il annoncera
nous annonçons	nous annoncions	nous annoncerons
vous annoncez	vous annonciez	vous annoncerez
ils annoncent	ils annonçaient	ils annonceront

PAST HISTORIC	PERFECT	PLUPERFECT
j'annonçai	j'ai annoncé	j'avais annoncé
tu annonças	tu as annoncé	tu avais annoncé
il annonça	il a annoncé	il avait annoncé
nous annonçâmes	nous avons annoncé	nous avions annoncé
vous annonçâtes	vous avez annoncé	vous aviez annoncé
ils annoncèrent	ils ont annoncé	ils avaient annoncé

PAST ANTERIOR	FUTURE PERFECT
j'eus annoncé etc	j'aurai annoncé etc

IMPERATIVE

CONDITIONAL

	PRESENT	PAST
annonce	j'annoncerais	j'aurais annoncé
annonçons	tu annoncerais	tu aurais annoncé
annoncez	il annoncerait	il aurait annoncé
	nous annoncerions	nous aurions annoncé
	vous annonceriez	vous auriez annoncé
	ils annonceraient	ils auraient annoncé

SUBJUNCTIVE

PRESENT	IMPERFECT	PERFECT
j'annonce	j'annonçasse	j'aie annoncé
tu annonces	tu annonçasses	tu aies annoncé
il annonce	il annonçât	il ait annoncé
nous annoncions	nous annonçassions	nous ayons annoncé
vous annonciez	vous annonçassiez	vous ayez annoncé
ils annoncent	ils annonçassent	ils aient annoncé

INFINITIVE	PARTICIPLE
PRESENT	**PRESENT**
annoncer	annonçant
PAST	**PAST**
avoir annoncé	annoncé

APERCEVOIR to see

PRESENT	IMPERFECT	FUTURE
j'aperçois	j'apercevais	j'apercevrai
tu aperçois	tu apercevais	tu apercevras
il aperçoit	il apercevait	il apercevra
nous apercevons	nous apercevions	nous apercevrons
vous apercevez	vous aperceviez	vous apercevrez
ils aperçoivent	ils apercevaient	ils apercevront

PAST HISTORIC	PERFECT	PLUPERFECT
j'aperçus	j'ai aperçu	j'avais aperçu
tu aperçus	tu as aperçu	tu avais aperçu
il aperçut	il a aperçu	il avait aperçu
nous aperçûmes	nous avons aperçu	nous avions aperçu
vous aperçûtes	vous avez aperçu	vous aviez aperçu
ils aperçurent	ils ont aperçu	ils avaient aperçu

PAST ANTERIOR	FUTURE PERFECT
j'eus aperçu etc	j'aurai aperçu etc

IMPERATIVE

CONDITIONAL

	PRESENT	PAST
aperçois	j'apercevrais	j'aurais aperçu
apercevons	tu apercevrais	tu aurais aperçu
apercevez	il apercevrait	il aurait aperçu
	nous apercevrions	nous aurions aperçu
	vous apercevriez	vous auriez aperçu
	ils apercevraient	ils auraient aperçu

SUBJUNCTIVE

PRESENT	IMPERFECT	PERFECT
j'aperçoive	j'aperçusse	j'aie aperçu
tu aperçoives	tu aperçusses	tu aies aperçu
il aperçoive	il aperçût	il ait aperçu
nous apercevions	nous aperçussions	nous ayons aperçu
vous aperceviez	vous aperçussiez	vous ayez aperçu
ils aperçoivent	ils aperçussent	ils aient aperçu

INFINITIVE	PARTICIPLE
PRESENT	**PRESENT**
apercevoir	apercevant
PAST	**PAST**
avoir aperçu	aperçu

APPARTENIR to belong

PRESENT	IMPERFECT	FUTURE
j'appartiens	j'appartenais	j'appartiendrai
tu appartiens	tu appartenais	tu appartiendras
il appartient	il appartenait	il appartiendra
nous appartenons	nous appartenions	nous appartiendrons
vous appartenez	vous apparteniez	vous appartiendrez
ils appartiennent	ils appartenaient	ils appartiendront

PAST HISTORIC	PERFECT	PLUPERFECT
j'appartins	j'ai appartenu	j'avais appartenu
tu appartins	tu as appartenu	tu avais appartenu
il appartint	il a appartenu	il avait appartenu
nous appartînmes	nous avons appartenu	nous avions appartenu
vous appartîntes	vous avez appartenu	vous aviez appartenu
ils appartinrent	ils ont appartenu	ils avaient appartenu

PAST ANTERIOR	FUTURE PERFECT
j'eus appartenu etc	j'aurai appartenu etc

IMPERATIVE	CONDITIONAL	
	PRESENT	PAST
appartiens	j'appartiendrais	j'aurais appartenu
appartenons	tu appartiendrais	tu aurais appartenu
appartenez	il appartiendrait	il aurait appartenu
	nous appartiendrions	nous aurions appartenu
	vous appartiendriez	vous auriez appartenu
	ils appartiendraient	ils auraient appartenu

SUBJUNCTIVE

PRESENT	IMPERFECT	PERFECT
j'appartienne	j'appartinsse	j'aie appartenu
tu appartiennes	tu appartinsses	tu aies appartenu
il appartienne	il appartînt	il ait appartenu
nous appartenions	nous appartinssions	nous ayons appartenu
vous apparteniez	vous appartinssiez	vous ayez appartenu
ils appartiennent	ils appartinssent	ils aient appartenu

INFINITIVE	PARTICIPLE
PRESENT	**PRESENT**
appartenir	appartenant
PAST	**PAST**
avoir appartenu	appartenu

APPELER to call

PRESENT	IMPERFECT	FUTURE
j'appêlle	j'appelais	j'appellerai
tu appelles	tu appelais	tu appelleras
il appelle	il appelait	il appellera
nous appelons	nous appelions	nous appellerons
vous appelez	vous appeliez	vous appellerez
ils appellent	ils appelaient	ils appelleront

PAST HISTORIC	PERFECT	PLUPERFECT
j'appelai	j'ai appelé	j'avais appelé
tu appelas	tu as appelé	tu avais appelé
il appela	il a appelé	il avait appelé
nous appelâmes	nous avons appelé	nous avions appelé
vous appelâtes	vous avez appelé	vous aviez appelé
ils appelèrent	ils ont appelé	ils avaient appelé

PAST ANTERIOR	FUTURE PERFECT
j'eus appelé etc	j'aurai appelé etc

IMPERATIVE

appelle
appelons
appelez

CONDITIONAL

PRESENT	PAST
j'appellerais	j'aurais appelé
tu appellerais	tu aurais appelé
il appellerait	il aurait appelé
nous appellerions	nous aurions appelé
vous appelleriez	vous auriez appelé
ils appelleraient	ils auraient appelé

SUBJUNCTIVE

PRESENT	IMPERFECT	PERFECT
j'appelle	j'appelasse	j'aie appelé
tu appelles	tu appelasses	tu aies appelé
il appelle	il appelât	il ait appelé
nous appelions	nous appelassions	nous ayons appelé
vous appeliez	vous appelassiez	vous ayez appelé
ils appellent	ils appelassent	ils aient appelé

INFINITIVE	PARTICIPLE
PRESENT	**PRESENT**
appeler	appelant
PAST	**PAST**
avoir appelé	appelé

APPRÉCIER to appreciate

PRESENT	IMPERFECT	FUTURE
j'apprécie	j'appréciais	j'apprécierai
tu apprécies	tu appréciais	tu apprécieras
il apprécie	il appréciait	il appréciera
nous apprécions	nous appréciions	nous apprécierons
vous appréciez	vous appréciiez	vous apprécierez
ils apprécient	ils appréciaient	ils apprécieront

PAST HISTORIC	PERFECT	PLUPERFECT
j'appréciai	j'ai apprécié	j'avais apprécié
tu apprécias	tu as apprécié	tu avais apprécié
il apprécia	il a apprécié	il avait apprécié
nous appréciâmes	nous avons apprécié	nous avions apprécié
vous appréciâtes	vous avez apprécié	vous aviez apprécié
ils apprécièrent	ils ont apprécié	ils avaient apprécié

PAST ANTERIOR	FUTURE PERFECT
j'eus apprécié etc	j'aurai apprécié etc

IMPERATIVE	CONDITIONAL	
	PRESENT	PAST
apprécie	j'apprécierais	j'aurais apprécié
apprécions	tu apprécierais	tu aurais apprécié
appréciez	il apprécierait	il aurait apprécié
	nous apprécierions	nous aurions apprécié
	vous apprécieriez	vous auriez apprécié
	ils apprécieraient	ils auraient apprécié

SUBJUNCTIVE

PRESENT	IMPERFECT	PERFECT
j'apprécie	j'appréciasse	j'aie apprécié
tu apprécies	tu appréciasses	tu aies apprécié
il apprécie	il appréciât	il ait apprécié
nous appréciions	nous appréciassions	nous ayons apprécié
vous appréciiez	vous appréciassiez	vous ayez apprécié
ils apprécient	ils appréciassent	ils aient apprécié

INFINITIVE	PARTICIPLE
PRESENT	PRESENT
apprécier	appréciant
PAST	PAST
avoir apprécié	apprécié

APPRENDRE to learn 16

PRESENT
j'apprends
tu apprends
il apprend
nous apprenons
vous apprenez
ils apprennent

IMPERFECT
j'apprenais
tu apprenais
il apprenait
nous apprenions
vous appreniez
ils apprenaient

FUTURE
j'apprendrai
tu apprendras
il apprendra
nous apprendrons
vous apprendrez
ils apprendront

PAST HISTORIC
j'appris
tu appris
il apprit
nous apprîmes
vous apprîtes
ils apprirent

PERFECT
j'ai appris
tu as appris
il a appris
nous avons appris
vous avez appris
ils ont appris

PLUPERFECT
j'avais appris
tu avais appris
il avait appris
nous avions appris
vous aviez appris
ils avaient appris

PAST ANTERIOR
j'eus appris etc

FUTURE PERFECT
j'aurai appris etc

IMPERATIVE

apprends
apprenons
apprenez

CONDITIONAL

PRESENT
j'apprendrais
tu apprendrais
il apprendrait
nous apprendrions
vous apprendriez
ils apprendraient

PAST
j'aurais appris
tu aurais appris
il aurait appris
nous aurions appris
vous auriez appris
ils auraient appris

SUBJUNCTIVE

PRESENT
j'apprenne
tu apprennes
il apprenne
nous apprenions
vous appreniez
ils apprennent

IMPERFECT
j'apprisse
tu apprisses
il apprît
nous apprissions
vous apprissiez
ils apprissent

PERFECT
j'aie appris
tu aies appris
il ait appris
nous ayons appris
vous ayez appris
ils aient appris

INFINITIVE

PRESENT
apprendre

PAST
avoir appris

PARTICIPLE

PRESENT
apprenant

PAST
appris

APPUYER to push, to lean

PRESENT	IMPERFECT	FUTURE
j'appuie	j'appuyais	j'appuierai
tu appuies	tu appuyais	tu appuieras
il appuie	il appuyait	il appuiera
nous appuyons	nous appuyions	nous appuierons
vous appuyez	vous appuyiez	vous appuierez
ils appuient	ils appuyaient	ils appuieront

PAST HISTORIC	PERFECT	PLUPERFECT
j'appuyai	j'ai appuyé	j'avais appuyé
tu appuyas	tu as appuyé	tu avais appuyé
il appuya	il a appuyé	il avait appuyé
nous appuyâmes	nous avons appuyé	nous avions appuyé
vous appuyâtes	vous avez appuyé	vous aviez appuyé
ils appuyèrent	ils ont appuyé	ils avaient appuyé

PAST ANTERIOR	FUTURE PERFECT
j'eus appuyé etc	j'aurai appuyé etc

IMPERATIVE	CONDITIONAL	
	PRESENT	PAST
appuie	j'appuierais	j'aurais appuyé
appuyons	tu appuierais	tu aurais appuyé
appuyez	il appuierait	il aurait appuyé
	nous appuierions	nous aurions appuyé
	vous appuieriez	vous auriez appuyé
	ils appuieraient	ils auraient appuyé

SUBJUNCTIVE

PRESENT	IMPERFECT	PERFECT
j'appuie	j'appuyasse	j'aie appuyé
tu appuies	tu appuyasses	tu aies appuyé
il appuie	il appuyât	il ait appuyé
nous appuyions	nous appuyassions	nous ayons appuyé
vous appuyiez	vous appuyassiez	vous ayez appuyé
ils appuient	ils appuyassent	ils aient appuyé

INFINITIVE	PARTICIPLE
PRESENT	PRESENT
appuyer	appuyant
PAST	PAST
avoir appuyé	appuyé

ARGUER to argue

PRESENT
j'argue
tu argues
il argue
nous arguons
vous arguez
ils arguent

IMPERFECT
j'arguais
tu arguais
il arguait
nous arguions
vous arguiez
ils arguaient

FUTURE
j'arguerai
tu argueras
il arguera
nous arguerons
vous arguerez
ils argueront

PAST HISTORIC
j'arguai
tu arguas
il argua
nous arguâmes
vous arguâtes
ils arguèrent

PERFECT
j'ai argué
tu as argué
il a argué
nous avons argué
vous avez argué
ils ont argué

PLUPERFECT
j'avais argué
tu avais argué
il avait argué
nous avions argué
vous aviez argué
ils avaient argué

PAST ANTERIOR
j'eus argué etc

FUTURE PERFECT
j'aurai argué etc

IMPERATIVE

argue
arguons
arguez

CONDITIONAL

PRESENT
j'arguerais
tu arguerais
il arguerait
nous arguerions
vous argueriez
ils argueraient

PAST
j'aurais argué
tu aurais argué
il aurait argué
nous aurions argué
vous auriez argué
ils auraient argué

SUBJUNCTIVE

PRESENT
j'argue
tu argues
il argue
nous arguions
vous arguiez
ils arguent

IMPERFECT
j'arguasse
tu arguasses
il arguât
nous arguassions
vous arguassiez
ils arguassent

PERFECT
j'aie argué
tu aies argué
il ait argué
nous ayons argué
vous ayez argué
ils aient argué

INFINITIVE
PRESENT
arguer
PAST
avoir argué

PARTICIPLE
PRESENT
arguant
PAST
argué

ARRIVER to arrive, to happen

PRESENT	IMPERFECT	FUTURE
j'arrive	j'arrivais	j'arriverai
tu arrives	tu arrivais	tu arriveras
il arrive	il arrivait	il arrivera
nous arrivons	nous arrivions	nous arriverons
vous arrivez	vous arriviez	vous arriverez
ils arrivent	ils arrivaient	ils arriveront

PAST HISTORIC	PERFECT	PLUPERFECT
j'arrivai	je suis arrivé	j'étais arrivé
tu arrivas	tu es arrivé	tu étais arrivé
il arriva	il est arrivé	il était arrivé
nous arrivâmes	nous sommes arrivés	nous étions arrivés
vous arrivâtes	vous êtes arrivé(s)	vous étiez arrivé(s)
ils arrivèrent	ils sont arrivés	ils étaient arrivés

PAST ANTERIOR	FUTURE PERFECT
je fus arrivé etc	je serai arrivé etc

IMPERATIVE	CONDITIONAL	
	PRESENT	PAST
arrive	j'arriverais	je serais arrivé
arrivons	tu arriverais	tu serais arrivé
arrivez	il arriverait	il serait arrivé
	nous arriverions	nous serions arrivés
	vous arriveriez	vous seriez arrivé(s)
	ils arriveraient	ils seraient arrivés

SUBJUNCTIVE

PRESENT	IMPERFECT	PERFECT
j'arrive	j'arrivasse	je sois arrivé
tu arrives	tu arrivasses	tu sois arrivé
il arrive	il arrivât	il soit arrivé
nous arrivions	nous arrivassions	nous soyons arrivés
vous arriviez	vous arrivassiez	vous soyez arrivé(s)
ils arrivent	ils arrivassent	ils soient arrivés

INFINITIVE	PARTICIPLE
PRESENT	PRESENT
arriver	arrivant
PAST	PAST
être arrivé	arrivé

PRESENT
j'assaille
tu assailles
il assaille
nous assaillons
vous assaillez
ils assaillent

IMPERFECT
j'assaillais
tu assaillais
il assaillait
nous assaillions
vous assailliez
ils assaillaient

FUTURE
j'assaillirai
tu assailliras
il assaillira
nous assaillirons
vous assaillirez
ils assailliront

PAST HISTORIC
j'assaillis
tu assaillis
il assaillit
nous assaillîmes
vous assaillîtes
ils assaillirent

PERFECT
j'ai assailli
tu as assailli
il a assailli
nous avons assailli
vous avez assailli
ils ont assailli

PLUPERFECT
j'avais assailli
tu avais assailli
il avait assailli
nous avions assailli
vous aviez assailli
ils avaient assailli

PAST ANTERIOR
j'eus assailli etc

FUTURE PERFECT
j'aurai assailli etc

IMPERATIVE

assaille
assaillons
assaillez

CONDITIONAL

PRESENT
j'assaillirais
tu assaillirais
il assaillirait
nous assaillirions
vous assailliriez
ils assailliraient

PAST
j'aurais assailli
tu aurais assailli
il aurait assailli
nous aurions assailli
vous auriez assailli
ils auraient assailli

SUBJUNCTIVE

PRESENT
j'assaille
tu assailles
il assaille
nous assaillions
vous assailliez
ils assaillent

IMPERFECT
j'assaillisse
tu assaillisses
il assaillît
nous assaillissions
vous assaillissiez
ils assaillissent

PERFECT
j'aie assailli
tu aies assailli
il ait assailli
nous ayons assailli
vous ayez assailli
ils aient assailli

INFINITIVE

PRESENT
assaillir

PAST
avoir assailli

PARTICIPLE

PRESENT
assaillant

PAST
assailli

S'ASSEOIR to sit down

PRESENT	IMPERFECT	FUTURE
je m'assieds/assois	je m'asseyais	je m'assiérai
tu t'assieds/assois	tu t'asseyais	tu t'assiéras
il s'assied/assoit	il s'asseyait	il s'assiéra
nous ns. asseyons/assoyons	nous nous asseyions	nous nous assiérons
vous vs. asseyez/assoyez	vous vous asseyiez	vous vous assiérez
ils s'asseyent/assoient	ils s'asseyaient	ils s'assiéront

PAST HISTORIC	PERFECT	PLUPERFECT
je m'assis	je me suis assis	je m'étais assis
tu t'assis	tu t'es assis	tu t'étais assis
il s'assit	il s'est assis	il s'était assis
nous nous assîmes	nous nous sommes assis	nous nous étions assis
vous vous assîtes	vous vous êtes assis	vous vous étiez assis
ils s'assirent	ils se sont assis	ils s'étaient assis

PAST ANTERIOR	FUTURE PERFECT
je me fus assis etc	je me serai assis etc

IMPERATIVE / CONDITIONAL

IMPERATIVE	CONDITIONAL	
	PRESENT	PAST
assieds/assois-toi	je m'assiérais	je me serais assis
asseyons/assoyons-nous	tu t'assiérais	tu te serais assis
asseyez/assoyez-vous	il s'assiérait	il se serait assis
	nous nous assiérions	nous nous serions assis
	vous vous assiériez	vous vous seriez assis
	ils s'assiéraient	ils se seraient assis

SUBJUNCTIVE

PRESENT	IMPERFECT	PERFECT
je m'asseye	je m'assisse	je me sois assis
tu t'asseyes	tu t'assisses	tu te sois assis
il s'asseye	il s'assît	il se soit assis
nous nous asseyions	nous nous assissions	nous nous soyons assis
vous vous asseyiez	vous vous assissiez	vous vous soyez assis
ils s'asseyent	ils s'assissent	ils se soient assis

INFINITIVE	PARTICIPLE	NOTE
PRESENT	PRESENT	other (less common) alter-
s'asseoir	s'asseyant/s'assoyant	native forms are: imperfect
PAST	PAST	**je m'assoyais** etc; future **je**
s'être assis	assis	**m'assoirai** etc and present
		subjunctive **je m'assoie** etc

44

ATTENDRE to wait

PRESENT
j'attends
tu attends
il attend
nous attendons
vous attendez
ils attendent

IMPERFECT
j'attendais
tu attendais
il attendait
nous attendions
vous attendiez
ils attendaient

FUTURE
j'attendrai
tu attendras
il attendra
nous attendrons
vous attendrez
ils attendront

PAST HISTORIC
j'attendis
tu attendis
il attendit
nous attendîmes
vous attendîtes
ils attendirent

PERFECT
j'ai attendu
tu as attendu
il a attendu
nous avons attendu
vous avez attendu
ils ont attendu

PLUPERFECT
j'avais attendu
tu avais attendu
il avait attendu
nous avions attendu
vous aviez attendu
ils avaient attendu

PAST ANTERIOR
j'eus attendu etc

FUTURE PERFECT
j'aurai attendu etc

IMPERATIVE

attends
attendons
attendez

CONDITIONAL

PRESENT
j'attendrais
tu attendrais
il attendrait
nous attendrions
vous attendriez
ils attendraient

PAST
j'aurais attendu
tu aurais attendu
il aurait attendu
nous aurions attendu
vous auriez attendu
ils auraient attendu

SUBJUNCTIVE

PRESENT
j'attende
tu attendes
il attende
nous attendions
vous attendiez
ils attendent

IMPERFECT
j'attendisse
tu attendisses
il attendît
nous attendissions
vous attendissiez
ils attendissent

PERFECT
j'aie attendu
tu aies attendu
il ait attendu
nous ayons attendu
vous ayez attendu
ils aient attendu

INFINITIVE

PRESENT
attendre

PAST
avoir attendu

PARTICIPLE

PRESENT
attendant

PAST
attendu

PRESENT	IMPERFECT	FUTURE
j'avance	j'avançais	j'avancerai
tu avances	tu avançais	tu avanceras
il avance	il avançait	il avancera
nous avançons	nous avancions	nous avancerons
vous avancez	vous avanciez	vous avancerez
ils avancent	ils avançaient	ils avanceront

PAST HISTORIC	PERFECT	PLUPERFECT
j'avançai	j'ai avancé	j'avais avancé
tu avanças	tu as avancé	tu avais avancé
il avança	il a avancé	il avait avancé
nous avançâmes	nous avons avancé	nous avions avancé
vous avançâtes	vous avez avancé	vous aviez avancé
ils avancèrent	ils ont avancé	ils avaient avancé

PAST ANTERIOR	FUTURE PERFECT
j'eus avancé etc	j'aurai avancé etc

IMPERATIVE

CONDITIONAL

	PRESENT	PAST
avance	j'avancerais	j'aurais avancé
avançons	tu avancerais	tu aurais avancé
avancez	il avancerait	il aurait avancé
	nous avancerions	nous aurions avancé
	vous avanceriez	vous auriez avancé
	ils avanceraient	ils auraient avancé

SUBJUNCTIVE

PRESENT	IMPERFECT	PERFECT
j'avance	j'avançasse	j'aie avancé
tu avances	tu avançasses	tu aies avancé
il avance	il avançât	il ait avancé
nous avancions	nous avançassions	nous ayons avancé
vous avanciez	vous avançassiez	vous ayez avancé
ils avancent	ils avançassent	ils aient avancé

INFINITIVE	PARTICIPLE
PRESENT	PRESENT
avancer	avançant
PAST	PAST
avoir avancé	avancé

PRESENT	IMPERFECT	FUTURE
j'ai	j'avais	j'aurai
tu as	tu avais	tu auras
il a	il avait	il aura
nous avons	nous avions	nous aurons
vous avez	vous aviez	vous aurez
ils ont	ils avaient	ils auront

PAST HISTORIC	PERFECT	PLUPERFECT
j'eus	j'ai eu	j'avais eu
tu eus	tu as eu	tu avais eu
il eut	il a eu	il avait eu
nous eûmes	nous avons eu	nous avions eu
vous eûtes	vous avez eu	vous aviez eu
ils eurent	ils ont eu	ils avaient eu

PAST ANTERIOR	FUTURE PERFECT
j'eus eu etc	j'aurai eu etc

IMPERATIVE	CONDITIONAL	
	PRESENT	**PAST**
aie	j'aurais	j'aurais eu
ayons	tu aurais	tu aurais eu
ayez	il aurait	il aurait eu
	nous aurions	nous aurions eu
	vous auriez	vous auriez eu
	ils auraient	ils auraient eu

SUBJUNCTIVE

PRESENT	IMPERFECT	PERFECT
j'aie	j'eusse	j'aie eu
tu aies	tu eusses	tu aies eu
il ait	il eût	il ait eu
nous ayons	nous eussions	nous ayons eu
vous ayez	vous eussiez	vous ayez eu
ils aient	ils eussent	ils aient eu

INFINITIVE	PARTICIPLE
PRESENT	**PRESENT**
avoir	ayant
PAST	**PAST**
avoir eu	eu

PRESENT	**IMPERFECT**	**FUTURE**
je bats	je battais	je battrai
tu bats	tu battais	tu battras
il bat	il battait	il battra
nous battons	nous battions	nous battrons
vous battez	vous battiez	vous battrez
ils battent	ils battaient	ils battront

PAST HISTORIC	**PERFECT**	**PLUPERFECT**
je battis	j'ai battu	j'avais battu
tu battis	tu as battu	tu avais battu
il battit	il a battu	il avait battu
nous battîmes	nous avons battu	nous avions battu
vous battîtes	vous avez battu	vous aviez battu
ils battirent	ils ont battu	ils avaient battu

PAST ANTERIOR	**FUTURE PERFECT**
j'eus battu etc	j'aurai battu etc

IMPERATIVE	**CONDITIONAL**	
	PRESENT	**PAST**
bats	je battrais	j'aurais battu
battons	tu battrais	tu aurais battu
battez	il battrait	il aurait battu
	nous battrions	nous aurions battu
	vous battriez	vous auriez battu
	ils battraient	ils auraient battu

SUBJUNCTIVE

PRESENT	**IMPERFECT**	**PERFECT**
je batte	je battisse	j'aie battu
tu battes	tu battisses	tu aies battu
il batte	il battît	il ait battu
nous battions	nous battissions	nous ayons battu
vous battiez	vous battissiez	vous ayez battu
ils battent	ils battissent	ils aient battu

INFINITIVE	**PARTICIPLE**
PRESENT	**PRESENT**
battre	battant
PAST	**PAST**
avoir battu	battu

PRESENT	IMPERFECT	FUTURE
je bois	je buvais	je boirai
tu bois	tu buvais	tu boiras
il boit	il buvait	il boira
nous buvons	nous buvions	nous boirons
vous buvez	vous buviez	vous boirez
ils boivent	ils buvaient	ils boiront

PAST HISTORIC	PERFECT	PLUPERFECT
je bus	j'ai bu	j'avais bu
tu bus	tu as bu	tu avais bu
il but	il a bu	il avait bu
nous bûmes	nous avons bu	nous avions bu
vous bûtes	vous avez bu	vous aviez bu
ils burent	ils ont bu	ils avaient bu

PAST ANTERIOR	FUTURE PERFECT
j'eus bu etc	j'aurai bu etc

IMPERATIVE	CONDITIONAL	
	PRESENT	PAST
bois	je boirais	j'aurais bu
buvons	tu boirais	tu aurais bu
buvez	il boirait	il aurait bu
	nous boirions	nous aurions bu
	vous boiriez	vous auriez bu
	ils boiraient	ils auraient bu

SUBJUNCTIVE

PRESENT	IMPERFECT	PERFECT
je boive	je busse	j'aie bu
tu boives	tu busses	tu aies bu
il boive	il bût	il ait bu
nous buvions	nous bussions	nous ayons bu
vous buviez	vous bussiez	vous ayez bu
ils boivent	ils bussent	ils aient bu

INFINITIVE	PARTICIPLE
PRESENT	PRESENT
boire	buvant
PAST	PAST
avoir bu	bu

PRESENT	IMPERFECT	FUTURE
je bous	je bouillais	je bouillirai
tu bous	tu bouillais	tu bouilliras
il bout	il bouillait	il bouillira
nous bouillons	nous bouillions	nous bouillirons
vous bouillez	vous bouilliez	vous bouillirez
ils bouillent	ils bouillaient	ils bouilliront

PAST HISTORIC	PERFECT	PLUPERFECT
je bouillis	j'ai bouilli	j'avais bouilli
tu bouillis	tu as bouilli	tu avais bouilli
il bouillit	il a bouilli	il avait bouilli
nous bouillîmes	nous avons bouilli	nous avions bouilli
vous bouillîtes	vous avez bouilli	vous aviez bouilli
ils bouillirent	ils ont bouilli	ils avaient bouilli

PAST ANTERIOR	FUTURE PERFECT
j'eus bouilli etc	j'aurai bouilli etc

IMPERATIVE	CONDITIONAL	
	PRESENT	PAST
bous	je bouillirais	j'aurais bouilli
bouillons	tu bouillirais	tu aurais bouilli
bouillez	il bouillirait	il aurait bouilli
	nous bouillirions	nous aurions bouilli
	vous bouilliriez	vous auriez bouilli
	ils bouilliraient	ils auraient bouilli

SUBJUNCTIVE

PRESENT	IMPERFECT	PERFECT
je bouille	je bouillisse	j'aie bouilli
tu bouilles	tu bouillisses	tu aies bouilli
il bouille	il bouillît	il ait bouilli
nous bouillions	nous bouillissions	nous ayons bouilli
vous bouilliez	vous bouillissiez	vous ayez bouilli
ils bouillent	ils bouillissent	ils aient bouilli

INFINITIVE	PARTICIPLE
PRESENT	PRESENT
bouillir	bouillant
PAST	PAST
avoir bouilli	bouilli

BOUILLIR to boil

IMPERFECT	FUTURE
je bouillais	je bouillirai
tu bouillais	tu bouilliras
il bouillait	il bouillira
nous bouillions	nous bouillirons
vous bouilliez	vous bouillirez
ils bouillaient	ils bouilliront

PERFECT	PLUPERFECT
j'ai bouilli	j'avais bouilli
tu as bouilli	tu avais bouilli
il a bouilli	il avait bouilli
nous avons bouilli	nous avions bouilli
vous avez bouilli	vous aviez bouilli
ils ont bouilli	ils avaient bouilli

FUTURE PERFECT
j'aurai bouilli etc

CONDITIONAL

PRESENT	PAST
je bouillirais	j'aurais bouilli
tu bouillirais	tu aurais bouilli
il bouillirait	il aurait bouilli
nous bouillirions	nous aurions bouilli
vous bouilliriez	vous auriez bouilli
ils bouilliraient	ils auraient bouilli

SUBJUNCTIVE

IMPERFECT	PERFECT
je bouillisse	j'aie bouilli
tu bouillisses	tu aies bouilli
il bouillît	il ait bouilli
nous bouillissions	nous ayons bouilli
vous bouillissiez	vous ayez bouilli
ils bouillissent	ils aient bouilli

PARTICIPLE

PRESENT

bouillant

PAST

bouilli

50

AVOIR to have

PRESENT	IMPERFECT	FUTURE
j'ai	j'avais	j'aurai
tu as	tu avais	tu auras
il a	il avait	il aura
nous avons	nous avions	nous aurons
vous avez	vous aviez	vous aurez
ils ont	ils avaient	ils auront

PAST HISTORIC	PERFECT	PLUPERFECT
j'eus	j'ai eu	j'avais eu
tu eus	tu as eu	tu avais eu
il eut	il a eu	il avait eu
nous eûmes	nous avons eu	nous avions eu
vous eûtes	vous avez eu	vous aviez eu
ils eurent	ils ont eu	ils avaient eu

PAST ANTERIOR	FUTURE PERFECT
j'eus eu etc	j'aurai eu etc

IMPERATIVE / CONDITIONAL

IMPERATIVE	PRESENT	PAST
aie	j'aurais	j'aurais eu
ayons	tu aurais	tu aurais eu
ayez	il aurait	il aurait eu
	nous aurions	nous aurions eu
	vous auriez	vous auriez eu
	ils auraient	ils auraient eu

SUBJUNCTIVE

PRESENT	IMPERFECT	PERFECT
j'aie	j'eusse	j'aie eu
tu aies	tu eusses	tu aies eu
il ait	il eût	il ait eu
nous ayons	nous eussions	nous ayons eu
vous ayez	vous eussiez	vous ayez eu
ils aient	ils eussent	ils aient eu

INFINITIVE	PARTICIPLE
PRESENT	**PRESENT**
avoir	ayant
PAST	**PAST**
avoir eu	eu

47

BATTRE to beat

PRESENT	IMPERFECT	FUTURE
je bats	je battais	je battrai
tu bats	tu battais	tu battras
il bat	il battait	il battra
nous battons	nous battions	nous battrons
vous battez	vous battiez	vous battrez
ils battent	ils battaient	ils battront

PAST HISTORIC	PERFECT	PLUPERFECT
je battis	j'ai battu	j'avais battu
tu battis	tu as battu	tu avais battu
il battit	il a battu	il avait battu
nous battîmes	nous avons battu	nous avions battu
vous battîtes	vous avez battu	vous aviez battu
ils battirent	ils ont battu	ils avaient battu

PAST ANTERIOR	FUTURE PERFECT
j'eus battu etc	j'aurai battu etc

IMPERATIVE	CONDITIONAL	
	PRESENT	PAST
bats	je battrais	j'aurais battu
battons	tu battrais	tu aurais battu
battez	il battrait	il aurait battu
	nous battrions	nous aurions battu
	vous battriez	vous auriez battu
	ils battraient	ils auraient battu

	SUBJUNCTIVE	
PRESENT	IMPERFECT	PERFECT
je batte	je battisse	j'aie battu
tu battes	tu battisses	tu aies battu
il batte	il battît	il ait battu
nous battions	nous battissions	nous ayons battu
vous battiez	vous battissiez	vous ayez battu
ils battent	ils battissent	ils aient battu

INFINITIVE	PARTICIPLE
PRESENT	PRESENT
battre	battant
PAST	PAST
avoir battu	battu

BOIRE to drink

PRESENT	IMPERFECT	F
je bois	je buvais	j
tu bois	tu buvais	
il boit	il buvait	
nous buvons	nous buvions	
vous buvez	vous buviez	
ils boivent	ils buvaient	

PAST HISTORIC	PERFECT
je bus	j'ai bu
tu bus	tu as bu
il but	il a bu
nous bûmes	nous avons bu
vous bûtes	vous avez bu
ils burent	ils ont bu

PAST ANTERIOR	FUTURE PERFE
j'eus bu etc	j'aurai bu etc

IMPERATIVE	CO
	PRESENT
bois	je boirais
buvons	tu boirais
buvez	il boirait
	nous boirion
	vous boiriez
	ils boiraient

	SUBJUN
PRESENT	IMPER
je boive	je busse
tu boives	tu buss
il boive	il bût
nous buvions	nous b
vous buviez	vous
ils boivent	ils bu

INFINITIVE	PA
PRESENT	P
boire	b
PAST	
avoir bu	

PRESEN
je bous
tu bous
il bout
nous bouill
vous bouill
ils bouillent

PAST HIS
je bouillis
tu bouillis
il bouillit
nous bouillîm
vous bouillîte
ils bouillirent

PAST ANTE
j'eus bouilli etc

IMPERATIVE

bous
bouillons
bouillez

PRESENT
je bouille
tu bouilles
il bouille
nous bouillions
vous bouilliez
ils bouillent

INFINITIVE
PRESENT
bouillir
PAST
avoir bouilli

BRILLER to shine

PRESENT	IMPERFECT	FUTURE
je brille	je brillais	je brillerai
tu brilles	tu brillais	tu brilleras
il brille	il brillait	il brillera
nous brillons	nous brillions	nous brillerons
vous brillez	vous brilliez	vous brillerez
ils brillent	ils brillaient	ils brilleront

PAST HISTORIC	PERFECT	PLUPERFECT
je brillai	j'ai brillé	j'avais brillé
tu brillas	tu as brillé	tu avais brillé
il brilla	il a brillé	il avait brillé
nous brillâmes	nous avons brillé	nous avions brillé
vous brillâtes	vous avez brillé	vous aviez brillé
ils brillèrent	ils ont brillé	ils avaient brillé

PAST ANTERIOR	FUTURE PERFECT
j'eus brillé etc	j'aurai brillé etc

IMPERATIVE	CONDITIONAL	
	PRESENT	PAST
brille	je brillerais	j'aurais brillé
brillons	tu brillerais	tu aurais brillé
brillez	il brillerait	il aurait brillé
	nous brillerions	nous aurions brillé
	vous brilleriez	vous auriez brillé
	ils brilleraient	ils auraient brillé

	SUBJUNCTIVE	
PRESENT	IMPERFECT	PERFECT
je brille	je brillasse	j'aie brillé
tu brilles	tu brillasses	tu aies brillé
il brille	il brillât	il ait brillé
nous brillions	nous brillassions	nous ayons brillé
vous brilliez	vous brillassiez	vous ayez brillé
ils brillent	ils brillassent	ils aient brillé

INFINITIVE	PARTICIPLE
PRESENT	PRESENT
briller	brillant
PAST	PAST
avoir brillé	brillé

PRESENT	IMPERFECT	FUTURE
je cède	je cédais	je céderai
tu cèdes	tu cédais	tu céderas
il cède	il cédait	il cédera
nous cédons	nous cédions	nous céderons
vous cédez	vous cédiez	vous céderez
ils cèdent	ils cédaient	ils céderont

PAST HISTORIC	PERFECT	PLUPERFECT
je cédai	j'ai cédé	j'avais cédé
tu cédas	tu as cédé	tu avais cédé
il céda	il a cédé	il avait cédé
nous cédâmes	nous avons cédé	nous avions cédé
vous cédâtes	vous avez cédé	vous aviez cédé
ils cédèrent	ils ont cédé	ils avaient cédé

PAST ANTERIOR	FUTURE PERFECT
j'eus cédé etc	j'aurai cédé etc

IMPERATIVE	CONDITIONAL	
	PRESENT	PAST
cède	je céderais	j'aurais cédé
cédons	tu céderais	tu aurais cédé
cédez	il céderait	il aurait cédé
	nous céderions	nous aurions cédé
	vous céderiez	vous auriez cédé
	ils céderaient	ils auraient cédé

SUBJUNCTIVE		
PRESENT	IMPERFECT	PERFECT
je cède	je cédasse	j'aie cédé
tu cèdes	tu cédasses	tu aies cédé
il cède	il cédât	il ait cédé
nous cédions	nous cédassions	nous ayons cédé
vous cédiez	vous cédassiez	vous ayez cédé
ils cèdent	ils cédassent	ils aient cédé

INFINITIVE	PARTICIPLE	NOTE
PRESENT	PRESENT	**décéder** takes the auxiliary 'être'
céder	cédant	
PAST	PAST	
avoir cédé	cédé	

CÉLÉBRER to celebrate

PRESENT
je célèbre
tu célèbres
il célèbre
nous célébrons
vous célébrez
ils célèbrent

IMPERFECT
je célébrais
tu célébrais
il célébrait
nous célébrions
vous célébriez
ils célébraient

FUTURE
je célébrerai
tu célébreras
il célébrera
nous célébrerons
vous célébrerez
ils célébreront

PAST HISTORIC
je célébrai
tu célébras
il célébra
nous célébrâmes
vous célébrâtes
ils célébrèrent

PERFECT
j'ai célébré
tu as célébré
il a célébré
nous avons célébré
vous avez célébré
ils ont célébré

PLUPERFECT
j'avais célébré
tu avais célébré
il avait célébré
nous avions célébré
vous aviez célébré
ils avaient célébré

PAST ANTERIOR
j'eus célébré etc

FUTURE PERFECT
j'aurai célébré etc

IMPERATIVE

célèbre
célébrons
célébrez

CONDITIONAL

PRESENT
je célébrerais
tu célébrerais
il célébrerait
nous célébrerions
vous célébreriez
ils célébreraient

PAST
j'aurais célébré
tu aurais célébré
il aurait célébré
nous aurions célébré
vous auriez célébré
ils auraient célébré

SUBJUNCTIVE

PRESENT
je célèbre
tu célèbres
il célèbre
nous célébrions
vous célébriez
ils célèbrent

IMPERFECT
je célébrasse
tu célébrasses
il célébrât
nous célébrassions
vous célébrassiez
ils célébrassent

PERFECT
j'aie célébré
tu aies célébré
il ait célébré
nous ayons célébré
vous ayez célébré
ils aient célébré

INFINITIVE
PRESENT
célébrer

PAST
avoir célébré

PARTICIPLE
PRESENT
célébrant

PAST
célébré

PRESENT	IMPERFECT	FUTURE
je chante	je chantais	je chanterai
tu chantes	tu chantais	tu chanteras
il chante	il chantait	il chantera
nous chantons	nous chantions	nous chanterons
vous chantez	vous chantiez	vous chanterez
ils chantent	ils chantaient	ils chanteront

PAST HISTORIC	PERFECT	PLUPERFECT
je chantai	j'ai chanté	j'avais chanté
tu chantas	tu as chanté	tu avais chanté
il chanta	il a chanté	il avait chanté
nous chantâmes	nous avons chanté	nous avions chanté
vous chantâtes	vous avez chanté	vous aviez chanté
ils chantèrent	ils ont chanté	ils avaient chanté

PAST ANTERIOR	FUTURE PERFECT
j'eus chanté etc	j'aurai chanté etc

IMPERATIVE	CONDITIONAL	
	PRESENT	PAST
chante	je chanterais	j'aurais chanté
chantons	tu chanterais	tu aurais chanté
chantez	il chanterait	il aurait chanté
	nous chanterions	nous aurions chanté
	vous chanteriez	vous auriez chanté
	ils chanteraient	ils auraient chanté

	SUBJUNCTIVE	
PRESENT	IMPERFECT	PERFECT
je chante	je chantasse	j'aie chanté
tu chantes	tu chantasses	tu aies chanté
il chante	il chantât	il ait chanté
nous chantions	nous chantassions	nous ayons chanté
vous chantiez	vous chantassiez	vous ayez chanté
ils chantent	ils chantassent	ils aient chanté

INFINITIVE	PARTICIPLE	NOTE
PRESENT	PRESENT	**demeurer** takes the auxiliary 'être' when it means 'to remain'
chanter	chantant	**ressusciter** takes the auxiliary 'être' when it is intransitive
PAST	PAST	
avoir chanté	chanté	

CHOIR to fall

PRESENT	IMPERFECT	FUTURE
je chois		
tu chois		
il choit		
ils choient		

PAST HISTORIC	PERFECT	PLUPERFECT
il chut	je suis chu	j'étais chu
	tu es chu	tu étais chu
	il est chu	il était chu
	nous sommes chus	nous étions chus
	vous êtes chu(s)	vous étiez chu(s)
	ils sont chus	ils étaient chus

PAST ANTERIOR	FUTURE PERFECT
il fut chu	il sera chu

IMPERATIVE	CONDITIONAL	
	PRESENT	PAST
		je serais chu
		tu serais chu
		il serait chu
		nous serions chus
		vous seriez chu(s)
		ils seraient chus

SUBJUNCTIVE

PRESENT	IMPERFECT	PERFECT
	il chût	je sois chu
		tu sois chu
		il soit chu
		nous soyons chus
		vous soyez chu(s)
		ils soient chus

INFINITIVE	PARTICIPLE
PRESENT	PRESENT
choir	
PAST	PAST
être chu	chu

PRESENT	IMPERFECT	FUTURE
je clos		je clorai
tu clos		tu cloras
il clôt		il clora
		nous clorons
		vous clorez
ils closent		ils cloront

PAST HISTORIC	PERFECT	PLUPERFECT
	j'ai clos	j'avais clos
	tu as clos	tu avais clos
	il a clos	il avait clos
	nous avons clos	nous avions clos
	vous avez clos	vous aviez clos
	ils ont clos	ils avaient clos

PAST ANTERIOR	FUTURE PERFECT
j'eus clos etc	j'aurai clos etc

IMPERATIVE	CONDITIONAL	
	PRESENT	PAST
clos	je clorais	j'aurais clos
	tu clorais	tu aurais clos
	il clorait	il aurait clos
	nous clorions	nous aurions clos
	vous cloriez	vous auriez clos
	ils cloraient	ils auraient clos

	SUBJUNCTIVE	
PRESENT	IMPERFECT	PERFECT
je close		j'aie clos
tu closes		tu aies clos
il close		il ait clos
nous closions		nous ayons clos
vous closiez		vous ayez clos
ils closent		ils aient clos

INFINITIVE	PARTICIPLE
PRESENT	PRESENT
clore	
PAST	PAST
avoir clos	clos

COMMENCER to start

PRESENT
je commence
tu commences
il commence
nous commençons
vous commencez
ils commencent

IMPERFECT
je commençais
tu commençais
il commençait
nous commencions
vous commenciez
ils commençaient

FUTURE
je commencerai
tu commenceras
il commencera
nous commencerons
vous commencerez
ils commenceront

PAST HISTORIC
je commençai
tu commenças
il commença
nous commençâmes
vous commençâtes
ils commencèrent

PERFECT
j'ai commencé
tu as commencé
il a commencé
nous avons commencé
vous avez commencé
ils ont commencé

PLUPERFECT
j'avais commencé
tu avais commencé
il avait commencé
nous avions commencé
vous aviez commencé
ils avaient commencé

PAST ANTERIOR
j'eus commencé etc

FUTURE PERFECT
j'aurai commencé etc

IMPERATIVE

commence
commençons
commencez

CONDITIONAL

PRESENT
je commencerais
tu commencerais
il commencerait
nous commencerions
vous commenceriez
ils commenceraient

PAST
j'aurais commencé
tu aurais commencé
il aurait commencé
nous aurions commencé
vous auriez commencé
ils auraient commencé

SUBJUNCTIVE

PRESENT
je commence
tu commences
il commence
nous commencions
vous commenciez
ils commencent

IMPERFECT
je commençasse
tu commençasses
il commençât
nous commençassions
vous commençassiez
ils commençassent

PERFECT
j'aie commencé
tu aies commencé
il ait commencé
nous ayons commencé
vous ayez commencé
ils aient commencé

INFINITIVE
PRESENT
commencer
PAST
avoir commencé

PARTICIPLE
PRESENT
commençant
PAST
commencé

COMPLÉTER to complete

PRESENT	IMPERFECT	FUTURE
je complète	je complétais	je compléterai
tu complètes	tu complétais	tu compléteras
il complète	il complétait	il complétera
nous complétons	nous complétions	nous compléterons
vous complétez	vous complétiez	vous compléterez
ils complètent	ils complétaient	ils compléteront

PAST HISTORIC	PERFECT	PLUPERFECT
je complétai	j'ai complété	j'avais complété
tu complétas	tu as complété	tu avais complété
il compléta	il a complété	il avait complété
nous complétâmes	nous avons complété	nous avions complété
vous complétâtes	vous avez complété	vous aviez complété
ils complétèrent	ils ont complété	ils avaient complété

PAST ANTERIOR	FUTURE PERFECT
j'eus complété etc	j'aurai complété etc

IMPERATIVE	CONDITIONAL	
	PRESENT	PAST
complète	je compléterais	j'aurais complété
complétons	tu compléterais	tu aurais complété
complétez	il compléterait	il aurait complété
	nous compléterions	nous aurions complété
	vous compléteriez	vous auriez complété
	ils compléteraient	ils auraient complété

	SUBJUNCTIVE	
PRESENT	IMPERFECT	PERFECT
je complète	je complétasse	j'aie complété
tu complètes	tu complétasses	tu aies complété
il complète	il complétât	il ait complété
nous complétions	nous complétassions	nous ayons complété
vous complétiez	vous complétassiez	vous ayez complété
ils complètent	ils complétassent	ils aient complété

INFINITIVE	PARTICIPLE
PRESENT	PRESENT
compléter	complétant
PAST	PAST
avoir complété	complété

PRESENT	IMPERFECT	FUTURE
je comprends	je comprenais	je comprendrai
tu comprends	tu comprenais	tu comprendras
il comprend	il comprenait	il comprendra
nous comprenons	nous comprenions	nous comprendrons
vous comprenez	vous compreniez	vous comprendrez
ils comprennent	ils comprenaient	ils comprendront

PAST HISTORIC	PERFECT	PLUPERFECT
je compris	j'ai compris	j'avais compris
tu compris	tu as compris	tu avais compris
il comprit	il a compris	il avait compris
nous comprîmes	nous avons compris	nous avions compris
vous comprîtes	vous avez compris	vous aviez compris
ils comprirent	ils ont compris	ils avaient compris

PAST ANTERIOR	FUTURE PERFECT
j'eus compris etc	j'aurai compris etc

IMPERATIVE	CONDITIONAL	
	PRESENT	PAST
comprends	je comprendrais	j'aurais compris
comprenons	tu comprendrais	tu aurais compris
comprenez	il comprendrait	il aurait compris
	nous comprendrions	nous aurions compris
	vous comprendriez	vous auriez compris
	ils comprendraient	ils auraient compris

SUBJUNCTIVE

PRESENT	IMPERFECT	PERFECT
je comprenne	je comprisse	j'aie compris
tu comprennes	tu comprisses	tu aies compris
il comprenne	il comprît	il ait compris
nous comprenions	nous comprissions	nous ayons compris
vous compreniez	vous comprissiez	vous ayez compris
ils comprennent	ils comprissent	ils aient compris

INFINITIVE	PARTICIPLE
PRESENT	PRESENT
comprendre	comprenant
PAST	PAST
avoir compris	compris

PRESENT	IMPERFECT	FUTURE
je conclus	je concluais	je conclurai
tu conclus	tu concluais	tu concluras
il conclut	il concluait	il conclura
nous concluons	nous concluions	nous conclurons
vous concluez	vous concluiez	vous conclurez
ils concluent	ils concluaient	ils concluront

PAST HISTORIC	PERFECT	PLUPERFECT
je conclus	j'ai conclu	j'avais conclu
tu conclus	tu as conclu	tu avais conclu
il conclut	il a conclu	il avait conclu
nous conclûmes	nous avons conclu	nous avions conclu
vous conclûtes	vous avez conclu	vous aviez conclu
ils conclurent	ils ont conclu	ils avaient conclu

PAST ANTERIOR	FUTURE PERFECT
j'eus conclu etc	j'aurai conclu etc

IMPERATIVE	CONDITIONAL	
	PRESENT	PAST
conclus	je conclurais	j'aurais conclu
concluons	tu conclurais	tu aurais conclu
concluez	il conclurait	il aurait conclu
	nous conclurions	nous aurions conclu
	vous concluriez	vous auriez conclu
	ils concluraient	ils auraient conclu

SUBJUNCTIVE

PRESENT	IMPERFECT	PERFECT
je conclue	je conclusse	j'aie conclu
tu conclues	tu conclusses	tu aies conclu
il conclue	il conclût	il ait conclu
nous concluions	nous conclussions	nous ayons conclu
vous concluiez	vous conclussiez	vous ayez conclu
ils concluent	ils conclussent	ils aient conclu

INFINITIVE	PARTICIPLE
PRESENT	PRESENT
conclure	concluant
PAST	PAST
avoir conclu	conclu

PRESENT	IMPERFECT	FUTURE
je conduis	je conduisais	je conduirai
tu conduis	tu conduisais	tu conduiras
il conduit	il conduisait	il conduira
nous conduisons	nous conduisions	nous conduirons
vous conduisez	vous conduisiez	vous conduirez
ils conduisent	ils conduisaient	ils conduiront

PAST HISTORIC	PERFECT	PLUPERFECT
je conduisis	j'ai conduit	j'avais conduit
tu conduisis	tu as conduit	tu avais conduit
il conduisit	il a conduit	il avait conduit
nous conduisîmes	nous avons conduit	nous avions conduit
vous conduisîtes	vous avez conduit	vous aviez conduit
ils conduisirent	ils ont conduit	ils avaient conduit

PAST ANTERIOR	FUTURE PERFECT
j'eus conduit etc	j'aurai conduit etc

IMPERATIVE	CONDITIONAL	
	PRESENT	PAST
conduis	je conduirais	j'aurais conduit
conduisons	tu conduirais	tu aurais conduit
conduisez	il conduirait	il aurait conduit
	nous conduirions	nous aurions conduit
	vous conduiriez	vous auriez conduit
	ils conduiraient	ils auraient conduit

SUBJUNCTIVE

PRESENT	IMPERFECT	PERFECT
je conduise	je conduisisse	j'aie conduit
tu conduises	tu conduisisses	tu aies conduit
il conduise	il conduisît	il ait conduit
nous conduisions	nous conduisissions	nous ayons conduit
vous conduisiez	vous conduisissiez	vous ayez conduit
ils conduisent	ils conduisissent	ils aient conduit

INFINITIVE	PARTICIPLE
PRESENT	PRESENT
conduire	conduisant
PAST	PAST
avoir conduit	conduit

CONFIRE to preserve

PRESENT	IMPERFECT	FUTURE
je confis	je confisais	je confirai
tu confis	tu confisais	tu confiras
il confit	il confisait	il confira
nous confisons	nous confisions	nous confirons
vous confisez	vous confisiez	vous confirez
ils confisent	ils confisaient	ils confiront

PAST HISTORIC	PERFECT	PLUPERFECT
je confis	j'ai confit	j'avais confit
tu confis	tu as confit	tu avais confit
il confit	il a confit	il avait confit
nous confîmes	nous avons confit	nous avions confit
vous confîtes	vous avez confit	vous aviez confit
ils confirent	ils ont confit	ils avaient confit

PAST ANTERIOR	FUTURE PERFECT
j'eus confit etc	j'aurai confit etc

IMPERATIVE	CONDITIONAL	
	PRESENT	PAST
confis	je confirais	j'aurais confit
confisons	tu confirais	tu aurais confit
confisez	il confirait	il aurait confit
	nous confirions	nous aurions confit
	vous confiriez	vous auriez confit
	ils confiraient	ils auraient confit

SUBJUNCTIVE

PRESENT	IMPERFECT	PERFECT
je confise	je confisse	j'aie confit
tu confises	tu confisses	tu aies confit
il confise	il confît	il ait confit
nous confisions	nous confissions	nous ayons confit
vous confisiez	vous confissiez	vous ayez confit
ils confisent	ils confissent	ils aient confit

INFINITIVE	PARTICIPLE
PRESENT	PRESENT
confire	confisant
PAST	PAST
avoir confit	confit

CONNAÎTRE to know

PRESENT	IMPERFECT	FUTURE
je connais	je connaissais	je connaîtrai
tu connais	tu connaissais	tu connaîtras
il connaît	il connaissait	il connaîtra
nous connaissons	nous connaissions	nous connaîtrons
vous connaissez	vous connaissiez	vous connaîtrez
ils connaissent	ils connaissaient	ils connaîtront

PAST HISTORIC	PERFECT	PLUPERFECT
je connus	j'ai connu	j'avais connu
tu connus	tu as connu	tu avais connu
il connut	il a connu	il avait connu
nous connûmes	nous avons connu	nous avions connu
vous connûtes	vous avez connu	vous aviez connu
ils connurent	ils ont connu	ils avaient connu

PAST ANTERIOR	FUTURE PERFECT
j'eus connu etc	j'aurai connu etc

IMPERATIVE / CONDITIONAL

IMPERATIVE	PRESENT	PAST
connais	je connaîtrais	j'aurais connu
connaissons	tu connaîtrais	tu aurais connu
connaissez	il connaîtrait	il aurait connu
	nous connaîtrions	nous aurions connu
	vous connaîtriez	vous auriez connu
	ils connaîtraient	ils auraient connu

SUBJUNCTIVE

PRESENT	IMPERFECT	PERFECT
je connaisse	je connusse	j'aie connu
tu connaisses	tu connusses	tu aies connu
il connaisse	il connût	il ait connu
nous connaissions	nous connussions	nous ayons connu
vous connaissiez	vous connussiez	vous ayez connu
ils connaissent	ils connussent	ils aient connu

INFINITIVE	PARTICIPLE
PRESENT	**PRESENT**
connaître	connaissant
PAST	**PAST**
avoir connu	connu

CONSEILLER to advise

PRESENT
je conseille
tu conseilles
il conseille
nous conseillons
vous conseillez
ils conseillent

IMPERFECT
je conseillais
tu conseillais
il conseillait
nous conseillions
vous conseilliez
ils conseillaient

FUTURE
je conseillerai
tu conseilleras
il conseillera
nous conseillerons
vous conseillerez
ils conseilleront

PAST HISTORIC
je conseillai
tu conseillas
il conseilla
nous conseillâmes
vous conseillâtes
ils conseillèrent

PERFECT
j'ai conseillé
tu as conseillé
il a conseillé
nous avons conseillé
vous avez conseillé
ils ont conseillé

PLUPERFECT
j'avais conseillé
tu avais conseillé
il avait conseillé
nous avions conseillé
vous aviez conseillé
ils avaient conseillé

PAST ANTERIOR
j'eus conseillé etc

FUTURE PERFECT
j'aurai conseillé etc

IMPERATIVE

conseille
conseillons
conseillez

CONDITIONAL

PRESENT
je conseillerais
tu conseillerais
il conseillerait
nous conseillerions
vous conseilleriez
ils conseilleraient

PAST
j'aurais conseillé
tu aurais conseillé
il aurait conseillé
nous aurions conseillé
vous auriez conseillé
ils auraient conseillé

SUBJUNCTIVE

PRESENT
je conseille
tu conseilles
il conseille
nous conseillions
vous conseilliez
ils conseillent

IMPERFECT
je conseillasse
tu conseillasses
il conseillât
nous conseillassions
vous conseillassiez
ils conseillassent

PERFECT
j'aie conseillé
tu aies conseillé
il ait conseillé
nous ayons conseillé
vous ayez conseillé
ils aient conseillé

INFINITIVE

PRESENT
conseiller

PAST
avoir conseillé

PARTICIPLE

PRESENT
conseillant

PAST
conseillé

COUDRE to sew

PRESENT

je couds
tu couds
il coud
nous cousons
vous cousez
ils cousent

PAST HISTORIC

je cousis
tu cousis
il cousit
nous cousîmes
vous cousîtes
ils cousirent

PAST ANTERIOR

j'eus cousu etc

IMPERATIVE

couds
cousons
cousez

IMPERFECT

je cousais
tu cousais
il cousait
nous cousions
vous cousiez
ils cousaient

PERFECT

j'ai cousu
tu as cousu
il a cousu
nous avons cousu
vous avez cousu
ils ont cousu

FUTURE PERFECT

j'aurai cousu etc

FUTURE

je coudrai
tu coudras
il coudra
nous coudrons
vous coudrez
ils coudront

PLUPERFECT

j'avais cousu
tu avais cousu
il avait cousu
nous avions cousu
vous aviez cousu
ils avaient cousu

CONDITIONAL

PRESENT

je coudrais
tu coudrais
il coudrait
nous coudrions
vous coudriez
ils coudraient

PAST

j'aurais cousu
tu aurais cousu
il aurait cousu
nous aurions cousu
vous auriez cousu
ils auraient cousu

SUBJUNCTIVE

PRESENT

je couse
tu couses
il couse
nous cousions
vous cousiez
ils cousent

IMPERFECT

je cousisse
tu cousisses
il cousît
nous cousissions
vous cousissiez
ils cousissent

PERFECT

j'aie cousu
tu aies cousu
il ait cousu
nous ayons cousu
vous ayez cousu
ils aient cousu

INFINITIVE

PRESENT

coudre

PAST

avoir cousu

PARTICIPLE

PRESENT

cousant

PAST

cousu

PRESENT	IMPERFECT	FUTURE
je cours	je courais	je courrai
tu cours	tu courais	tu courras
il court	il courait	il courra
nous courons	nous courions	nous courrons
vous courez	vous couriez	vous courrez
ils courent	ils couraient	ils courront

PAST HISTORIC	PERFECT	PLUPERFECT
je courus	j'ai couru	j'avais couru
tu courus	tu as couru	tu avais couru
il courut	il a couru	il avait couru
nous courûmes	nous avons couru	nous avions couru
vous courûtes	vous avez couru	vous aviez couru
ils coururent	ils ont couru	ils avaient couru

PAST ANTERIOR	FUTURE PERFECT
j'eus couru etc	j'aurai couru etc

IMPERATIVE	CONDITIONAL	
	PRESENT	PAST
cours	je courrais	j'aurais couru
courons	tu courrais	tu aurais couru
courez	il courrait	il aurait couru
	nous courrions	nous aurions couru
	vous courriez	vous auriez couru
	ils courraient	ils auraient couru

SUBJUNCTIVE

PRESENT	IMPERFECT	PERFECT
je coure	je courusse	j'aie couru
tu coures	tu courusses	tu aies couru
il coure	il courût	il ait couru
nous courions	nous courussions	nous ayons couru
vous couriez	vous courussiez	vous ayez couru
ils courent	ils courussent	ils aient couru

INFINITIVE	PARTICIPLE	NOTE
PRESENT	PRESENT	**accourir** takes 'avoir' or
courir	courant	'être' as its auxiliary
PAST	PAST	
avoir couru	couru	

COUVRIR to cover

PRESENT	IMPERFECT	FUTURE
je couvre	je couvrais	je couvrirai
tu couvres	tu couvrais	tu couvriras
il couvre	il couvrait	il couvrira
nous couvrons	nous couvrions	nous couvrirons
vous couvrez	vous couvriez	vous couvrirez
ils couvrent	ils couvraient	ils couvriront

PAST HISTORIC	PERFECT	PLUPERFECT
je couvris	j'ai couvert	j'avais couvert
tu couvris	tu as couvert	tu avais couvert
il couvrit	il a couvert	il avait couvert
nous couvrîmes	nous avons couvert	nous avions couvert
vous couvrîtes	vous avez couvert	vous aviez couvert
ils couvrirent	ils ont couvert	ils avaient couvert

PAST ANTERIOR	FUTURE PERFECT
j'eus couvert etc	j'aurai couvert etc

IMPERATIVE	CONDITIONAL	
	PRESENT	**PAST**
couvre	je couvrirais	j'aurais couvert
couvrons	tu couvrirais	tu aurais couvert
couvrez	il couvrirait	il aurait couvert
	nous couvririons	nous aurions couvert
	vous couvririez	vous auriez couvert
	ils couvriraient	ils auraient couvert

SUBJUNCTIVE

PRESENT	IMPERFECT	PERFECT
je couvre	je couvrisse	j'aie couvert
tu couvres	tu couvrisses	tu aies couvert
il couvre	il couvrît	il ait couvert
nous couvrions	nous couvrissions	nous ayons couvert
vous couvriez	vous couvrissiez	vous ayez couvert
ils couvrent	ils couvrissent	ils aient couvert

INFINITIVE	PARTICIPLE
PRESENT	**PRESENT**
couvrir	couvrant
PAST	**PAST**
avoir couvert	couvert

44

PRESENT
je crains
tu crains
il craint
nous craignons
vous craignez
ils craignent

IMPERFECT
je craignais
tu craignais
il craignait
nous craignions
vous craigniez
ils craignaient

FUTURE
je craindrai
tu craindras
il craindra
nous craindrons
vous craindrez
ils craindront

PAST HISTORIC
je craignis
tu craignis
il craignit
nous craignîmes
vous craignîtes
ils craignirent

PERFECT
j'ai craint
tu as craint
il a craint
nous avons craint
vous avez craint
ils ont craint

PLUPERFECT
j'avais craint
tu avais craint
il avait craint
nous avions craint
vous aviez craint
ils avaient craint

PAST ANTERIOR
j'eus craint etc

FUTURE PERFECT
j'aurai craint etc

IMPERATIVE

crains
craignons
craignez

CONDITIONAL

PRESENT
je craindrais
tu craindrais
il craindrait
nous craindrions
vous craindriez
ils craindraient

PAST
j'aurais craint
tu aurais craint
il aurait craint
nous aurions craint
vous auriez craint
ils auraient craint

SUBJUNCTIVE

PRESENT
je craigne
tu craignes
il craigne
nous craignions
vous craigniez
ils craignent

IMPERFECT
je craignisse
tu craignisses
il craignît
nous craignissions
vous craignissiez
ils craignissent

PERFECT
j'aie craint
tu aies craint
il ait craint
nous ayons craint
vous ayez craint
ils aient craint

INFINITIVE
PRESENT
craindre
PAST
avoir craint

PARTICIPLE
PRESENT
craignant
PAST
craint

CRÉER to create

PRESENT
je crée
tu crées
il crée
nous créons
vous créez
ils créent

IMPERFECT
je créais
tu créais
il créait
nous créions
vous créiez
ils créaient

FUTURE
je créerai
tu créeras
il créera
nous créerons
vous créerez
ils créeront

PAST HISTORIC
je créai
tu créas
il créa
nous créâmes
vous créâtes
ils créèrent

PERFECT
j'ai créé
tu as créé
il a créé
nous avons créé
vous avez créé
ils ont créé

PLUPERFECT
j'avais créé
tu avais créé
il avait créé
nous avions créé
vous aviez créé
ils avaient créé

PAST ANTERIOR
j'eus créé etc

FUTURE PERFECT
j'aurai créé etc

IMPERATIVE

crée
créons
créez

CONDITIONAL

PRESENT
je créerais
tu créerais
il créerait
nous créerions
vous créeriez
ils créeraient

PAST
j'aurais créé
tu aurais créé
il aurait créé
nous aurions créé
vous auriez créé
ils auraient créé

SUBJUNCTIVE

PRESENT
je crée
tu crées
il crée
nous créions
vous créiez
ils créent

IMPERFECT
je créasse
tu créasses
il créât
nous créassions
vous créassiez
ils créassent

PERFECT
j'aie créé
tu aies créé
il ait créé
nous ayons créé
vous ayez créé
ils aient créé

INFINITIVE

PRESENT
créer

PAST
avoir créé

PARTICIPLE

PRESENT
créant

PAST
créé

47

CRIER to shout

PRESENT	IMPERFECT	FUTURE
je crie	je criais	je crierai
tu cries	tu criais	tu crieras
il crie	il criait	il criera
nous crions	nous criions	nous crierons
vous criez	vous criiez	vous crierez
ils crient	ils criaient	ils crieront

PAST HISTORIC	PERFECT	PLUPERFECT
je criai	j'ai crié	j'avais crié
tu crias	tu as crié	tu avais crié
il cria	il a crié	il avait crié
nous criâmes	nous avons crié	nous avions crié
vous criâtes	vous avez crié	vous aviez crié
ils crièrent	ils ont crié	ils avaient crié

PAST ANTERIOR	FUTURE PERFECT
j'eus crié etc	j'aurai crié etc

IMPERATIVE	CONDITIONAL	
	PRESENT	PAST
crie	je crierais	j'aurais crié
crions	tu crierais	tu aurais crié
criez	il crierait	il aurait crié
	nous crierions	nous aurions crié
	vous crieriez	vous auriez crié
	ils crieraient	ils auraient crié

SUBJUNCTIVE

PRESENT	IMPERFECT	PERFECT
je crie	je criasse	j'aie crié
tu cries	tu criasses	tu aies crié
il crie	il criât	il ait crié
nous criions	nous criassions	nous ayons crié
vous criiez	vous criassiez	vous ayez crié
ils crient	ils criassent	ils aient crié

INFINITIVE	PARTICIPLE
PRESENT	PRESENT
crier	criant
PAST	PAST
avoir crié	crié

CROIRE to believe

PRESENT	IMPERFECT	FUTURE
je crois	je croyais	je croirai
tu crois	tu croyais	tu croiras
il croit	il croyait	il croira
nous croyons	nous croyions	nous croirons
vous croyez	vous croyiez	vous croirez
ils croient	ils croyaient	ils croiront

PAST HISTORIC	PERFECT	PLUPERFECT
je crus	j'ai cru	j'avais cru
tu crus	tu as cru	tu avais cru
il crut	il a cru	il avait cru
nous crûmes	nous avons cru	nous avions cru
vous crûtes	vous avez cru	vous aviez cru
ils crurent	ils ont cru	ils avaient cru

PAST ANTERIOR	FUTURE PERFECT
j'eus cru etc	j'aurai cru etc

IMPERATIVE	CONDITIONAL	
	PRESENT	PAST
crois	je croirais	j'aurais cru
croyons	tu croirais	tu aurais cru
croyez	il croirait	il aurait cru
	nous croirions	nous aurions cru
	vous croiriez	vous auriez cru
	ils croiraient	ils auraient cru

SUBJUNCTIVE

PRESENT	IMPERFECT	PERFECT
je croie	je crusse	j'aie cru
tu croies	tu crusses	tu aies cru
il croie	il crût	il ait cru
nous croyions	nous crussions	nous ayons cru
vous croyiez	vous crussiez	vous ayez cru
ils croient	ils crussent	ils aient cru

INFINITIVE	PARTICIPLE
PRESENT	PRESENT
croire	croyant
PAST	PAST
avoir cru	cru

CROÎTRE to grow

PRESENT	IMPERFECT	FUTURE
je croîs	je croissais	je croîtrai
tu croîs	tu croissais	tu croîtras
il croît	il croissait	il croîtra
nous croissons	nous croissions	nous croîtrons
vous croissez	vous croissiez	vous croîtrez
ils croissent	ils croissaient	ils croîtront

PAST HISTORIC	PERFECT	PLUPERFECT
je crûs	j'ai crû	j'avais crû
tu crûs	tu as crû	tu avais crû
il crût	il a crû	il avait crû
nous crûmes	nous avons crû	nous avions crû
vous crûtes	vous avez crû	vous aviez crû
ils crûrent	ils ont crû	ils avaient crû

PAST ANTERIOR	FUTURE PERFECT
j'eus crû etc	j'aurai crû etc

IMPERATIVE	CONDITIONAL	
	PRESENT	PAST
croîs	je croîtrais	j'aurais crû
croissons	tu croîtrais	tu aurais crû
croissez	il croîtrait	il aurait crû
	nous croîtrions	nous aurions crû
	vous croîtriez	vous auriez crû
	ils croîtraient	ils auraient crû

	SUBJUNCTIVE	
PRESENT	IMPERFECT	PERFECT
je croisse	je crûsse	j'aie crû
tu croisses	tu crûsses	tu aies crû
il croisse	il crût	il ait crû
nous croissions	nous crûssions	nous ayons crû
vous croissiez	vous crûssiez	vous ayez crû
ils croissent	ils crûssent	ils aient crû

INFINITIVE	PARTICIPLE
PRESENT	PRESENT
croître	croissant
PAST	PAST
avoir crû	crû (crue, crus)

CUEILLIR to pick

PRESENT
je cueille
tu cueilles
il cueille
nous cueillons
vous cueillez
ils cueillent

IMPERFECT
je cueillais
tu cueillais
il cueillait
nous cueillions
vous cueilliez
ils cueillaient

FUTURE
je cueillerai
tu cueilleras
il cueillera
nous cueillerons
vous cueillerez
ils cueilleront

PAST HISTORIC
je cueillis
tu cueillis
il cueillit
nous cueillîmes
vous cueillîtes
ils cueillirent

PERFECT
j'ai cueilli
tu as cueilli
il a cueilli
nous avons cueilli
vous avez cueilli
ils ont cueilli

PLUPERFECT
j'avais cueilli
tu avais cueilli
il avait cueilli
nous avions cueilli
vous aviez cueilli
ils avaient cueilli

PAST ANTERIOR
j'eus cueilli etc

FUTURE PERFECT
j'aurai cueilli etc

IMPERATIVE

cueille
cueillons
cueillez

CONDITIONAL

PRESENT
je cueillerais
tu cueillerais
il cueillerait
nous cueillerions
vous cueilleriez
ils cueilleraient

PAST
j'aurais cueilli
tu aurais cueilli
il aurait cueilli
nous aurions cueilli
vous auriez cueilli
ils auraient cueilli

SUBJUNCTIVE

PRESENT
je cueille
tu cueilles
il cueille
nous cueillions
vous cueilliez
ils cueillent

IMPERFECT
je cueillisse
tu cueillisses
il cueillît
nous cueillissions
vous cueillissiez
ils cueillissent

PERFECT
j'aie cueilli
tu aies cueilli
il ait cueilli
nous ayons cueilli
vous ayez cueilli
ils aient cueilli

INFINITIVE

PRESENT
cueillir

PAST
avoir cueilli

PARTICIPLE

PRESENT
cueillant

PAST
cueilli

PRESENT
je cuis
tu cuis
il cuit
nous cuisons
vous cuisez
ils cuisent

IMPERFECT
je cuisais
tu cuisais
il cuisait
nous cuisions
vous cuisiez
ils cuisaient

FUTURE
je cuirai
tu cuiras
il cuira
nous cuirons
vous cuirez
ils cuiront

PAST HISTORIC
je cuisis
tu cuisis
il cuisit
nous cuisîmes
vous cuisîtes
ils cuisirent

PERFECT
j'ai cuit
tu as cuit
il a cuit
nous avons cuit
vous avez cuit
ils ont cuit

PLUPERFECT
j'avais cuit
tu avais cuit
il avait cuit
nous avions cuit
vous aviez cuit
ils avaient cuit

PAST ANTERIOR
j'eus cuit etc

FUTURE PERFECT
j'aurai cuit etc

IMPERATIVE
cuis
cuisons
cuisez

CONDITIONAL

PRESENT
je cuirais
tu cuirais
il cuirait
nous cuirions
vous cuiriez
ils cuiraient

PAST
j'aurais cuit
tu aurais cuit
il aurait cuit
nous aurions cuit
vous auriez cuit
ils auraient cuit

SUBJUNCTIVE

PRESENT
je cuise
tu cuises
il cuise
nous cuisions
vous cuisiez
ils cuisent

IMPERFECT
je cuisisse
tu cuisisses
il cuisît
nous cuisissions
vous cuisissiez
ils cuisissent

PERFECT
j'aie cuit
tu aies cuit
il ait cuit
nous ayons cuit
vous ayez cuit
ils aient cuit

INFINITIVE

PRESENT
cuire

PAST
avoir cuit

PARTICIPLE

PRESENT
cuisant

PAST
cuit

PRESENT
je déchois
tu déchois
il déchoit
nous déchoyons
vous déchoyez
ils déchoient

IMPERFECT

FUTURE
je déchoirai
tu déchoiras
il déchoira
nous déchoirons
vous déchoirez
ils déchoiront

PAST HISTORIC
je déchus
tu déchus
il déchut
nous déchûmes
vous déchûtes
ils déchurent

PERFECT
j'ai déchu
tu as déchu
il a déchu
nous avons déchu
vous avez déchu
ils ont déchu

PLUPERFECT
j'avais déchu
tu avais déchu
il avait déchu
nous avions déchu
vous aviez déchu
ils avaient déchu

PAST ANTERIOR
j'eus déchu etc

FUTURE PERFECT
j'aurai déchu etc

IMPERATIVE

CONDITIONAL

PRESENT
je déchoirais
tu déchoirais
il déchoirait
nous déchoirions
vous déchoiriez
ils déchoiraient

PAST
j'aurais déchu
tu aurais déchu
il aurait déchu
nous aurions déchu
vous auriez déchu
ils auraient déchu

SUBJUNCTIVE

PRESENT
je déchoie
tu déchoies
il déchoie
nous déchoyions
vous déchoyiez
ils déchoient

IMPERFECT
je déchusse
tu déchusses
il déchût
nous déchussions
vous déchussiez
ils déchussent

PERFECT
j'aie déchu
tu aies déchu
il ait déchu
nous ayons déchu
vous ayez déchu
ils aient déchu

INFINITIVE
PRESENT
déchoir
PAST
avoir déchu

PARTICIPLE
PRESENT
PAST
déchu

NOTE
déchoir can also take the auxiliary 'être'

DÉCOUVRIR to discover

PRESENT	IMPERFECT	FUTURE
je découvre	je découvrais	je découvrirai
tu découvres	tu découvrais	tu découvriras
il découvre	il découvrait	il découvrira
nous découvrons	nous découvrions	nous découvrirons
vous découvrez	vous découvriez	vous découvrirez
ils découvrent	ils découvraient	ils découvriront

PAST HISTORIC	PERFECT	PLUPERFECT
je découvris	j'ai découvert	j'avais découvert
tu découvris	tu as découvert	tu avais découvert
il découvrit	il a découvert	il avait découvert
nous découvrîmes	nous avons découvert	nous avions découvert
vous découvrîtes	vous avez découvert	vous aviez découvert
ils découvrirent	ils ont découvert	ils avaient découvert

PAST ANTERIOR	FUTURE PERFECT
j'eus découvert etc	j'aurai découvert etc

IMPERATIVE

CONDITIONAL

	PRESENT	PAST
découvre	je découvrirais	j'aurais découvert
découvrons	tu découvrirais	tu aurais découvert
découvrez	il découvrirait	il aurait découvert
	nous découvririons	nous aurions découvert
	vous découvririez	vous auriez découvert
	ils découvriraient	ils auraient découvert

SUBJUNCTIVE

PRESENT	IMPERFECT	PERFECT
je découvre	je découvrisse	j'aie découvert
tu découvres	tu découvrisses	tu aies découvert
il découvre	il découvrît	il ait découvert
nous découvrions	nous découvrissions	nous ayons découvert
vous découvriez	vous découvrissiez	vous ayez découvert
ils découvrent	ils découvrissent	ils aient découvert

INFINITIVE	PARTICIPLE
PRESENT	**PRESENT**
découvrir	découvrant
PAST	**PAST**
avoir découvert	découvert

DÉCRIRE to describe

PRESENT	**IMPERFECT**	**FUTURE**
je décris	je décrivais	je décrirai
tu décris	tu décrivais	tu décriras
il décrit	il décrivait	il décrira
nous décrivons	nous décrivions	nous décrirons
vous décrivez	vous décriviez	vous décrirez
ils décrivent	ils décrivaient	ils décriront

PAST HISTORIC	**PERFECT**	**PLUPERFECT**
je décrivis	j'ai décrit	j'avais décrit
tu décrivis	tu as décrit	tu avais décrit
il décrivit	il a décrit	il avait décrit
nous décrivîmes	nous avons décrit	nous avions décrit
vous décrivîtes	vous avez décrit	vous aviez décrit
ils décrivirent	ils ont décrit	ils avaient décrit

PAST ANTERIOR	**FUTURE PERFECT**
j'eus décrit etc	j'aurai décrit etc

IMPERATIVE · CONDITIONAL

IMPERATIVE	**PRESENT**	**PAST**
décris	je décrirais	j'aurais décrit
décrivons	tu décrirais	tu aurais décrit
décrivez	il décrirait	il aurait décrit
	nous décririons	nous aurions décrit
	vous décririez	vous auriez décrit
	ils décriraient	ils auraient décrit

SUBJUNCTIVE

PRESENT	**IMPERFECT**	**PERFECT**
je décrive	je décrivisse	j'aie décrit
tu décrives	tu décrivisses	tu aies décrit
il décrive	il décrivît	il ait décrit
nous décrivions	nous décrivissions	nous ayons décrit
vous décriviez	vous décrivissiez	vous ayez décrit
ils décrivent	ils décrivissent	ils aient décrit

INFINITIVE	**PARTICIPLE**
PRESENT	**PRESENT**
décrire	décrivant
PAST	**PAST**
avoir décrit	décrit

DÉFAILLIR to faint

PRESENT	IMPERFECT	FUTURE
je défaille	je défaillais	je défaillirai
tu défailles	tu défaillais	tu défailliras
il défaille	il défaillait	il défaillira
nous défaillons	nous défaillions	nous défaillirons
vous défaillez	vous défailliez	vous défaillirez
ils défaillent	ils défaillaient	ils défailliront

PAST HISTORIC	PERFECT	PLUPERFECT
je défaillis	j'ai défailli	j'avais défailli
tu défaillis	tu as défailli	tu avais défailli
il défaillit	il a défailli	il avait défailli
nous défaillîmes	nous avons défailli	nous avions défailli
vous défaillîtes	vous avez défailli	vous aviez défailli
ils défaillirent	ils ont défailli	ils avaient défailli

PAST ANTERIOR	FUTURE PERFECT
j'eus défailli etc	j'aurai défailli etc

IMPERATIVE	CONDITIONAL	
	PRESENT	PAST
défaille	je défaillirais	j'aurais défailli
défaillons	tu défaillirais	tu aurais défailli
défaillez	il défaillirait	il aurait défailli
	nous défaillirions	nous aurions défailli
	vous défailliriez	vous auriez défailli
	ils défailliraient	ils auraient défailli

SUBJUNCTIVE

PRESENT	IMPERFECT	PERFECT
je défaille	je défaillisse	j'aie défailli
tu défailles	tu défaillisses	tu aies défailli
il défaille	il défaillît	il ait défailli
nous défaillions	nous défaillissions	nous ayons défailli
vous défailliez	vous défaillissiez	vous ayez défailli
ils défaillent	ils défaillissent	ils aient défailli

INFINITIVE	PARTICIPLE
PRESENT	PRESENT
défaillir	défaillant
PAST	PAST
avoir défailli	défailli

DÉFENDRE to defend, to forbid

PRESENT	IMPERFECT	FUTURE
je défends	je défendais	je défendrai
tu défends	tu défendais	tu défendras
il défend	il défendait	il défendra
nous défendons	nous défendions	nous défendrons
vous défendez	vous défendiez	vous défendrez
ils défendent	ils défendaient	ils défendront

PAST HISTORIC	PERFECT	PLUPERFECT
je défendis	j'ai défendu	j'avais défendu
tu défendis	tu as défendu	tu avais défendu
il défendit	il a défendu	il avait défendu
nous défendîmes	nous avons défendu	nous avions défendu
vous défendîtes	vous avez défendu	vous aviez défendu
ils défendirent	ils ont défendu	ils avaient défendu

PAST ANTERIOR	FUTURE PERFECT
j'eus défendu etc	j'aurai défendu etc

IMPERATIVE	CONDITIONAL	
	PRESENT	PAST
défends	je défendrais	j'aurais défendu
défendons	tu défendrais	tu aurais défendu
défendez	il défendrait	il aurait défendu
	nous défendrions	nous aurions défendu
	vous défendriez	vous auriez défendu
	ils défendraient	ils auraient défendu

SUBJUNCTIVE

PRESENT	IMPERFECT	PERFECT
je défende	je défendisse	j'aie défendu
tu défendes	tu défendisses	tu aies défendu
il défende	il défendît	il ait défendu
nous défendions	nous défendissions	nous ayons défendu
vous défendiez	vous défendissiez	vous ayez défendu
ils défendent	ils défendissent	ils aient défendu

INFINITIVE	PARTICIPLE
PRESENT	PRESENT
défendre	défendant
PAST	PAST
avoir défendu	défendu

DÉMONTER to dismantle

PRESENT	IMPERFECT	FUTURE
je démonte	je démontais	je démonterai
tu démontes	tu démontais	tu démonteras
il démonte	il démontait	il démontera
nous démontons	nous démontions	nous démonterons
vous démontez	vous démontiez	vous démonterez
ils démontent	ils démontaient	ils démonteront

PAST HISTORIC	PERFECT	PLUPERFECT
je démontai	j'ai démonté	j'avais démonté
tu démontas	tu as démonté	tu avais démonté
il démonta	il a démonté	il avait démonté
nous démontâmes	nous avons démonté	nous avions démonté
vous démontâtes	vous avez démonté	vous aviez démonté
ils démontèrent	ils ont démonté	ils avaient démonté

PAST ANTERIOR	FUTURE PERFECT
j'eus démonté etc	j'aurai démonté etc

IMPERATIVE	CONDITIONAL	
	PRESENT	PAST
démonte	je démonterais	j'aurais démonté
démontons	tu démonterais	tu aurais démonté
démontez	il démonterait	il aurait démonté
	nous démonterions	nous aurions démonté
	vous démonteriez	vous auriez démonté
	ils démonteraient	ils auraient démonté

SUBJUNCTIVE

PRESENT	IMPERFECT	PERFECT
je démonte	je démontasse	j'aie démonté
tu démontes	tu démontasses	tu aies démonté
il démonte	il démontât	il ait démonté
nous démontions	nous démontassions	nous ayons démonté
vous démontiez	vous démontassiez	vous ayez démonté
ils démontent	ils démontassent	ils aient démonté

INFINITIVE	PARTICIPLE
PRESENT	PRESENT
démonter	démontant
PAST	PAST
avoir démonté	démonté

PRESENT	IMPERFECT	FUTURE
je dépèce	je dépeçais	je dépècerai
tu dépèces	tu dépeçais	tu dépèceras
il dépèce	il dépeçait	il dépècera
nous dépeçons	nous dépecions	nous dépècerons
vous dépecez	vous dépeciez	vous dépècerez
ils dépècent	ils dépeçaient	ils dépèceront

PAST HISTORIC	PERFECT	PLUPERFECT
je dépeçai	j'ai dépecé	j'avais dépecé
tu dépeças	tu as dépecé	tu avais dépecé
il dépeça	il a dépecé	il avait dépecé
nous dépeçâmes	nous avons dépecé	nous avions dépecé
vous dépeçâtes	vous avez dépecé	vous aviez dépecé
ils dépecèrent	ils ont dépecé	ils avaient dépecé

PAST ANTERIOR	FUTURE PERFECT
j'eus dépecé etc	j'aurai dépecé etc

IMPERATIVE	CONDITIONAL	
	PRESENT	PAST
dépèce	je dépècerais	j'aurais dépecé
dépeçons	tu dépècerais	tu aurais dépecé
dépecez	il dépècerait	il aurait dépecé
	nous dépècerions	nous aurions dépecé
	vous dépèceriez	vous auriez dépecé
	ils dépèceraient	ils auraient dépecé

	SUBJUNCTIVE	
PRESENT	IMPERFECT	PERFECT
je dépèce	je dépeçasse	j'aie dépecé
tu dépèces	tu dépeçasses	tu aies dépecé
il dépèce	il dépeçât	il ait dépecé
nous dépecions	nous dépeçassions	nous ayons dépecé
vous dépeciez	vous dépeçassiez	vous ayez dépecé
ils dépècent	ils dépeçassent	ils aient dépecé

INFINITIVE	PARTICIPLE
PRESENT	PRESENT
dépecer	dépeçant
PAST	PAST
avoir dépecé	dépecé

DESCENDRE to go down

PRESENT	IMPERFECT	FUTURE
je descends	je descendais	je descendrai
tu descends	tu descendais	tu descendras
il descend	il descendait	il descendra
nous descendons	nous descendions	nous descendrons
vous descendez	vous descendiez	vous descendrez
ils descendent	ils descendaient	ils descendront

PAST HISTORIC	PERFECT	PLUPERFECT
je descendis	je suis descendu	j'étais descendu
tu descendis	tu es descendu	tu étais descendu
il descendit	il est descendu	il était descendu
nous descendîmes	nous sommes descendus	nous étions descendus
vous descendîtes	vous êtes descendu(s)	vous étiez descendu(s)
ils descendirent	ils sont descendus	ils étaient descendus

PAST ANTERIOR	FUTURE PERFECT
je fus descendu etc	je serai descendu etc

IMPERATIVE	CONDITIONAL	
	PRESENT	**PAST**
descends	je descendrais	je serais descendu
descendons	tu descendrais	tu serais descendu
descendez	il descendrait	il serait descendu
	nous descendrions	nous serions descendus
	vous descendriez	vous seriez descendu(s)
	ils descendraient	ils seraient descendus

SUBJUNCTIVE

PRESENT	IMPERFECT	PERFECT
je descende	je descendisse	je sois descendu
tu descendes	tu descendisses	tu sois descendu
il descende	il descendît	il soit descendu
nous descendions	nous descendissions	nous soyons descendus
vous descendiez	vous descendissiez	vous soyez descendu(s)
ils descendent	ils descendissent	ils soient descendus

INFINITIVE	PARTICIPLE	NOTE
PRESENT	**PRESENT**	**descendre** takes the auxiliary 'avoir' when transitive
descendre	descendant	
PAST	**PAST**	
être descendu	descendu	

DÉTRUIRE to destroy

PRESENT
je détruis
tu détruis
il détruit
nous détruisons
vous détruisez
ils détruisent

IMPERFECT
je détruisais
tu détruisais
il détruisait
nous détruisions
vous détruisiez
ils détruisaient

FUTURE
je détruirai
tu détruiras
il détruira
nous détruirons
vous détruirez
ils détruiront

PAST HISTORIC
je détruisis
tu détruisis
il détruisit
nous détruisîmes
vous détruisîtes
ils détruisirent

PERFECT
j'ai détruit
tu as détruit
il a détruit
nous avons détruit
vous avez détruit
ils ont détruit

PLUPERFECT
j'avais détruit
tu avais détruit
il avait détruit
nous avions détruit
vous aviez détruit
ils avaient détruit

PAST ANTERIOR
j'eus détruit etc

FUTURE PERFECT
j'aurai détruit etc

IMPERATIVE

détruis
détruisons
détruisez

CONDITIONAL

PRESENT
je détruirais
tu détruirais
il détruirait
nous détruirions
vous détruiriez
ils détruiraient

PAST
j'aurais détruit
tu aurais détruit
il aurait détruit
nous aurions détruit
vous auriez détruit
ils auraient détruit

SUBJUNCTIVE

PRESENT
je détruise
tu détruises
il détruise
nous détruisions
vous détruisiez
ils détruisent

IMPERFECT
je détruisisse
tu détruisisses
il détruisît
nous détruisissions
vous détruisissiez
ils détruisissent

PERFECT
j'aie détruit
tu aies détruit
il ait détruit
nous ayons détruit
vous ayez détruit
ils aient détruit

INFINITIVE

PRESENT
détruire

PAST
avoir détruit

PARTICIPLE

PRESENT
détruisant

PAST
détruit

PRESENT	**IMPERFECT**	**FUTURE**
je deviens	je devenais	je deviendrai
tu deviens	tu devenais	tu deviendras
il devient	il devenait	il deviendra
nous devenons	nous devenions	nous deviendrons
vous devenez	vous deveniez	vous deviendrez
ils deviennent	ils devenaient	ils deviendront

PAST HISTORIC	**PERFECT**	**PLUPERFECT**
je devins	je suis devenu	j'étais devenu
tu devins	tu es devenu	tu étais devenu
il devint	il est devenu	il était devenu
nous devînmes	nous sommes devenus	nous étions devenus
vous devîntes	vous êtes devenu(s)	vous étiez devenu(s)
ils devinrent	ils sont devenus	ils étaient devenus

PAST ANTERIOR	**FUTURE PERFECT**
je fus devenu etc	je serai devenu etc

IMPERATIVE	**CONDITIONAL**	
	PRESENT	**PAST**
deviens	je deviendrais	je serais devenu
devenons	tu deviendrais	tu serais devenu
devenez	il deviendrait	il serait devenu
	nous deviendrions	nous serions devenus
	vous deviendriez	vous seriez devenu(s)
	ils deviendraient	ils seraient devenus

SUBJUNCTIVE

PRESENT	**IMPERFECT**	**PERFECT**
je devienne	je devinsse	je sois devenu
tu deviennes	tu devinsses	tu sois devenu
il devienne	il devînt	il soit devenu
nous devenions	nous devinssions	nous soyons devenus
vous deveniez	vous devinssiez	vous soyez devenu(s)
ils deviennent	ils devinssent	ils soient devenus

INFINITIVE	**PARTICIPLE**
PRESENT	**PRESENT**
devenir	devenant
PAST	**PAST**
être devenu	devenu

DEVOIR to have to

62

PRESENT	IMPERFECT	FUTURE
je dois	je devais	je devrai
tu dois	tu devais	tu devras
il doit	il devait	il devra
nous devons	nous devions	nous devrons
vous devez	vous deviez	vous devrez
ils doivent	ils devaient	ils devront

PAST HISTORIC	PERFECT	PLUPERFECT
je dus	j'ai dû	j'avais dû
tu dus	tu as dû	tu avais dû
il dut	il a dû	il avait dû
nous dûmes	nous avons dû	nous avions dû
vous dûtes	vous avez dû	vous aviez dû
ils durent	ils ont dû	ils avaient dû

PAST ANTERIOR	FUTURE PERFECT
j'eus dû etc	j'aurai dû etc

IMPERATIVE	CONDITIONAL	
	PRESENT	PAST
dois	je devrais	j'aurais dû
devons	tu devrais	tu aurais dû
devez	il devrait	il aurait dû
	nous devrions	nous aurions dû
	vous devriez	vous auriez dû
	ils devraient	ils auraient dû

SUBJUNCTIVE

PRESENT	IMPERFECT	PERFECT
je doive	je dusse	j'aie dû
tu doives	tu dusses	tu aies dû
il doive	il dût	il ait dû
nous devions	nous dussions	nous ayons dû
vous deviez	vous dussiez	vous ayez dû
ils doivent	ils dussent	ils aient dû

INFINITIVE	PARTICIPLE
PRESENT	PRESENT
devoir	devant
PAST	PAST
avoir dû	dû (due, dus)

85

DIRE to say

PRESENT	**IMPERFECT**	**FUTURE**
je dis	je disais	je dirai
tu dis	tu disais	tu diras
il dit	il disait	il dira
nous disons	nous disions	nous dirons
vous dites	vous disiez	vous direz
ils disent	ils disaient	ils diront

PAST HISTORIC	**PERFECT**	**PLUPERFECT**
je dis	j'ai dit	j'avais dit
tu dis	tu as dit	tu avais dit
il dit	il a dit	il avait dit
nous dîmes	nous avons dit	nous avions dit
vous dîtes	vous avez dit	vous aviez dit
ils dirent	ils ont dit	ils avaient dit

PAST ANTERIOR	**FUTURE PERFECT**
j'eus dit etc	j'aurai dit etc

IMPERATIVE	**CONDITIONAL**	
	PRESENT	**PAST**
dis	je dirais	j'aurais dit
disons	tu dirais	tu aurais dit
dites	il dirait	il aurait dit
	nous dirions	nous aurions dit
	vous diriez	vous auriez dit
	ils diraient	ils auraient dit

SUBJUNCTIVE

PRESENT	**IMPERFECT**	**PERFECT**
je dise	je disse	j'aie dit
tu dises	tu disses	tu aies dit
il dise	il dît	il ait dit
nous disions	nous dissions	nous ayons dit
vous disiez	vous dissiez	vous ayez dit
ils disent	ils dissent	ils aient dit

INFINITIVE	**PARTICIPLE**
PRESENT	**PRESENT**
dire	disant
PAST	**PAST**
avoir dir	dit

DISSÉQUER to dissect

PRESENT	IMPERFECT	FUTURE
je dissèque	je disséquais	je disséquerai
tu dissèques	tu disséquais	tu disséqueras
il dissèque	il disséquait	il disséquera
nous disséquons	nous disséquions	nous disséquerons
vous disséquez	vous disséquiez	vous disséquerez
ils dissèquent	ils disséquaient	ils disséqueront

PAST HISTORIC	PERFECT	PLUPERFECT
je disséquai	j'ai disséqué	j'avais disséqué
tu disséquas	tu as disséqué	tu avais disséqué
il disséqua	il a disséqué	il avait disséqué
nous disséquâmes	nous avons disséqué	nous avions disséqué
vous disséquâtes	vous avez disséqué	vous aviez disséqué
ils disséquèrent	ils ont disséqué	ils avaient disséqué

PAST ANTERIOR	FUTURE PERFECT
j'eus disséqué etc	j'aurai disséqué etc

IMPERATIVE	CONDITIONAL	
	PRESENT	PAST
dissèque	je disséquerais	j'aurais disséqué
disséquons	tu disséquerais	tu aurais disséqué
disséquez	il disséquerait	il aurait disséqué
	nous disséquerions	nous aurions disséqué
	vous disséqueriez	vous auriez disséqué
	ils disséqueraient	ils auraient disséqué

SUBJUNCTIVE

PRESENT	IMPERFECT	PERFECT
je dissèque	je disséquasse	j'aie disséqué
tu dissèques	tu disséquasses	tu aies disséqué
il dissèque	il disséquât	il ait disséqué
nous disséquions	nous disséquassions	nous ayons disséqué
vous disséquiez	vous disséquassiez	vous ayez disséqué
ils dissèquent	ils disséquassent	ils aient disséqué

INFINITIVE	PARTICIPLE
PRESENT	PRESENT
disséquer	disséquant
PAST	PAST
avoir disséqué	disséqué

DISSOUDRE to dissolve

PRESENT	IMPERFECT	FUTURE
je dissous	je dissolvais	je dissoudrai
tu dissous	tu dissolvais	tu dissoudras
il dissout	il dissolvait	il dissoudra
nous dissolvons	nous dissolvions	nous dissoudrons
vous dissolvez	vous dissolviez	vous dissoudrez
ils dissolvent	ils dissolvaient	ils dissoudront

PAST HISTORIC	PERFECT	PLUPERFECT
je dissolus	j'ai dissous	j'avais dissous
tu dissolus	tu as dissous	tu avais dissous
il dissolut	il a dissous	il avait dissous
nous dissolûmes	nous avons dissous	nous avions dissous
vous dissolûtes	vous avez dissous	vous aviez dissous
ils dissolurent	ils ont dissous	ils avaient dissous

PAST ANTERIOR	FUTURE PERFECT
j'eus dissous etc	j'aurai dissous etc

IMPERATIVE	CONDITIONAL	
	PRESENT	PAST
dissous	je dissoudrais	j'aurais dissous
dissolvons	tu dissoudrais	tu aurais dissous
dissolvez	il dissoudrait	il aurait dissous
	nous dissoudrions	nous aurions dissous
	vous dissoudriez	vous auriez dissous
	ils dissoudraient	ils auraient dissous

SUBJUNCTIVE

PRESENT	IMPERFECT	PERFECT
je dissolve	je dissolusse	j'aie dissous
tu dissolves	tu dissolusses	tu aies dissous
il dissolve	il dissolût	il ait dissous
nous dissolvions	nous dissolussions	nous ayons dissous
vous dissolviez	vous dissolussiez	vous ayez dissous
ils dissolvent	ils dissolussent	ils aient dissous

INFINITIVE	PARTICIPLE
PRESENT	PRESENT
dissoudre	dissolvant
PAST	PAST
avoir dissous	dissous (dissoute)

DISTRAIRE to distract

PRESENT	IMPERFECT	FUTURE
je distrais	je distrayais	je distrairai
tu distrais	tu distrayais	tu distrairas
il distrait	il distrayait	il distraira
nous distrayons	nous distrayions	nous distrairons
vous distrayez	vous distrayiez	vous distrairez
ils distraient	ils distrayaient	ils distrairont

PAST HISTORIC	PERFECT	PLUPERFECT
	j'ai distrait	j'avais distrait
	tu as distrait	tu avais distrait
	il a distrait	il avait distrait
	nous avons distrait	nous avions distrait
	vous avez distrait	vous aviez distrait
	ils ont distrait	ils avaient distrait

PAST ANTERIOR	FUTURE PERFECT
j'eus distrait etc	j'aurai distrait etc

IMPERATIVE	CONDITIONAL	
	PRESENT	PAST
distrais	je distrairais	j'aurais distrait
distrayons	tu distrairais	tu aurais distrait
distrayez	il distrairait	il aurait distrait
	nous distrairions	nous aurions distrait
	vous distrairiez	vous auriez distrait
	ils distrairaient	ils auraient distrait

SUBJUNCTIVE

PRESENT	IMPERFECT	PERFECT
je distraie		j'aie distrait
tu distraies		tu aies distrait
il distraie		il ait distrait
nous distrayions		nous ayons distrait
vous distrayiez		vous ayez distrait
ils distraient		ils aient distrait

INFINITIVE	PARTICIPLE	NOTE
PRESENT	PRESENT	**braire** and **traire** have no past historic or imperfect subjunctive
distraire	distrayant	
PAST	PAST	
avoir distrait	distrait	

DONNER to give

PRESENT	IMPERFECT	FUTURE
je donne	je donnais	je donnerai
tu donnes	tu donnais	tu donneras
il donne	il donnait	il donnera
nous donnons	nous donnions	nous donnerons
vous donnez	vous donniez	vous donnerez
ils donnent	ils donnaient	ils donneront

PAST HISTORIC	PERFECT	PLUPERFECT
je donnai	j'ai donné	j'avais donné
tu donnas	tu as donné	tu avais donné
il donna	il a donné	il avait donné
nous donnâmes	nous avons donné	nous avions donné
vous donnâtes	vous avez donné	vous aviez donné
ils donnèrent	ils ont donné	ils avaient donné

PAST ANTERIOR	FUTURE PERFECT
j'eus donné etc	j'aurai donné etc

IMPERATIVE	CONDITIONAL	
	PRESENT	PAST
donne	je donnerais	j'aurais donné
donnons	tu donnerais	tu aurais donné
donnez	il donnerait	il aurait donné
	nous donnerions	nous aurions donné
	vous donneriez	vous auriez donné
	ils donneraient	ils auraient donné

SUBJUNCTIVE

PRESENT	IMPERFECT	PERFECT
je donne	je donnasse	j'aie donné
tu donnes	tu donnasses	tu aies donné
il donne	il donnât	il ait donné
nous donnions	nous donnassions	nous ayons donné
vous donniez	vous donnassiez	vous ayez donné
ils donnent	ils donnassent	ils aient donné

INFINITIVE	PARTICIPLE
PRESENT	PRESENT
donner	donnant
PAST	PAST
avoir donné	donné

DORMIR to sleep

PRESENT	IMPERFECT	FUTURE
je dors	je dormais	je dormirai
tu dors	tu dormais	tu dormiras
il dort	il dormait	il dormira
nous dormons	nous dormions	nous dormirons
vous dormez	vous dormiez	vous dormirez
ils dorment	ils dormaient	ils dormiront

PAST HISTORIC	PERFECT	PLUPERFECT
je dormis	j'ai dormi	j'avais dormi
tu dormis	tu as dormi	tu avais dormi
il dormit	il a dormi	il avait dormi
nous dormîmes	nous avons dormi	nous avions dormi
vous dormîtes	vous avez dormi	vous aviez dormi
ils dormirent	ils ont dormi	ils avaient dormi

PAST ANTERIOR	FUTURE PERFECT
j'eus dormi etc	j'aurai dormi etc

IMPERATIVE	CONDITIONAL	
	PRESENT	PAST
dors	je dormirais	j'aurais dormi
dormons	tu dormirais	tu aurais dormi
dormez	il dormirait	il aurait dormi
	nous dormirions	nous aurions dormi
	vous dormiriez	vous auriez dormi
	ils dormiraient	ils auraient dormi

SUBJUNCTIVE

PRESENT	IMPERFECT	PERFECT
je dorme	je dormisse	j'aie dormi
tu dormes	tu dormisses	tu aies dormi
il dorme	il dormît	il ait dormi
nous dormions	nous dormissions	nous ayons dormi
vous dormiez	vous dormissiez	vous ayez dormi
ils dorment	ils dormissent	ils aient dormi

INFINITIVE	PARTICIPLE
PRESENT	**PRESENT**
dormir	dormant
PAST	**PAST**
avoir dormi	dormi

PRESENT	IMPERFECT	FUTURE
il échoit		il échoira

PAST HISTORIC	PERFECT	PLUPERFECT
il échut	il est échu	il était échu

PAST ANTERIOR	FUTURE PERFECT	
il fut échu	il sera échu	

IMPERATIVE	CONDITIONAL	
	PRESENT	PAST
	il échoirait	il serait échu

	SUBJUNCTIVE	
PRESENT	IMPERFECT	PERFECT
	il échût	il soit échu

INFINITIVE	PARTICIPLE
PRESENT	PRESENT
échoir	échéant
PAST	PAST
être échu	échu

PRESENT	IMPERFECT	FUTURE
il éclôt		il éclora
ils éclosent		ils écloront

PAST HISTORIC	PERFECT	PLUPERFECT
	il est éclos	il était éclos
	ils sont éclos	ils étaient éclos

PAST ANTERIOR	FUTURE PERFECT	
il fut éclos etc	il sera éclos etc	

IMPERATIVE	CONDITIONAL	
	PRESENT	PAST
	il éclorait	il serait éclos
	ils écloraient	ils seraient éclos

	SUBJUNCTIVE	
PRESENT	IMPERFECT	PERFECT
il éclose		il soit éclos
ils éclosent		ils soient éclos

INFINITIVE	PARTICIPLE
PRESENT	PRESENT
éclore	
PAST	PAST
être éclos	éclos

ÉCRÉMER to skim

PRESENT	IMPERFECT	FUTURE
j'écrème	j'écrémais	j'écrémerai
tu écrèmes	tu écrémais	tu écrémeras
il écrème	il écrémait	il écrémera
nous écrémons	nous écrémions	nous écrémerons
vous écrémez	vous écrémiez	vous écrémerez
ils écrèment	ils écrémaient	ils écrémeront

PAST HISTORIC	PERFECT	PLUPERFECT
j'écrémai	j'ai écrémé	j'avais écrémé
tu écrémas	tu as écrémé	tu avais écrémé
il écréma	il a écrémé	il avait écrémé
nous écrémâmes	nous avons écrémé	nous avions écrémé
vous écrémâtes	vous avez écrémé	vous aviez écrémé
ils écrémèrent	ils ont écrémé	ils avaient écrémé

PAST ANTERIOR	FUTURE PERFECT
j'eus écrémé etc	j'aurai écrémé etc

IMPERATIVE	CONDITIONAL	
	PRESENT	**PAST**
écrème	j'écrémerais	j'aurais écrémé
écrémons	tu écrémerais	tu aurais écrémé
écrémez	il écrémerait	il aurait écrémé
	nous écrémerions	nous aurions écrémé
	vous écrémeriez	vous auriez écrémé
	ils écrémeraient	ils auraient écrémé

SUBJUNCTIVE

PRESENT	IMPERFECT	PERFECT
j'écrème	j'écrémasse	j'aie écrémé
tu écrèmes	tu écrémasses	tu aies écrémé
il écrème	il écrémât	il ait écrémé
nous écrémions	nous écrémassions	nous ayons écrémé
vous écrémiez	vous écrémassiez	vous ayez écrémé
ils écrèment	ils écrémassent	ils aient écrémé

INFINITIVE	PARTICIPLE
PRESENT	**PRESENT**
écrémer	écrémant
PAST	**PAST**
avoir écrémé	écrémé

ÉCRIRE to write

PRESENT	IMPERFECT	FUTURE
j'écris	j'écrivais	j'écrirai
tu écris	tu écrivais	tu écriras
il écrit	il écrivait	il écrira
nous écrivons	nous écrivions	nous écrirons
vous écrivez	vous écriviez	vous écrirez
ils écrivent	ils écrivaient	ils écriront

PAST HISTORIC	PERFECT	PLUPERFECT
j'écrivis	j'ai écrit	j'avais écrit
tu écrivis	tu as écrit	tu avais écrit
il écrivit	il a écrit	il avait écrit
nous écrivîmes	nous avons écrit	nous avions écrit
vous écrivîtes	vous avez écrit	vous aviez écrit
ils écrivirent	ils ont écrit	ils avaient écrit

PAST ANTERIOR	FUTURE PERFECT
j'eus écrit etc	j'aurai écrit etc

IMPERATIVE

CONDITIONAL

IMPERATIVE	PRESENT	PAST
écris	j'écrirais	j'aurais écrit
écrivons	tu écrirais	tu aurais écrit
écrivez	il écrirait	il aurait écrit
	nous écririons	nous aurions écrit
	vous écririez	vous auriez écrit
	ils écriraient	ils auraient écrit

SUBJUNCTIVE

PRESENT	IMPERFECT	PERFECT
j'écrive	j'écrivisse	j'aie écrit
tu écrives	tu écrivisses	tu aies écrit
il écrive	il écrivît	il ait écrit
nous écrivions	nous écrivissions	nous ayons écrit
vous écriviez	vous écrivissiez	vous ayez écrit
ils écrivent	ils écrivissent	ils aient écrit

INFINITIVE	PARTICIPLE
PRESENT	**PRESENT**
écrire	écrivant
PAST	**PAST**
avoir écrit	écrit

ÉLEVER to raise

PRESENT	IMPERFECT	FUTURE
j'élève	j'élevais	j'élèverai
tu élèves	tu élevais	tu élèveras
il élève	il élevait	il élèvera
nous élevons	nous élevions	nous élèverons
vous élevez	vous éleviez	vous élèverez
ils élèvent	ils élevaient	ils élèveront

PAST HISTORIC	PERFECT	PLUPERFECT
j'élevai	j'ai élevé	j'avais élevé
tu élevas	tu as élevé	tu avais élevé
il éleva	il a élevé	il avait élevé
nous élevâmes	nous avons élevé	nous avions élevé
vous élevâtes	vous avez élevé	vous aviez élevé
ils élevèrent	ils ont élevé	ils avaient élevé

PAST ANTERIOR	FUTURE PERFECT
j'eus élevé etc	j'aurai élevé etc

IMPERATIVE	CONDITIONAL	
	PRESENT	PAST
élève	j'élèverais	j'aurais élevé
élevons	tu élèverais	tu aurais élevé
élevez	il élèverait	il aurait élevé
	nous élèverions	nous aurions élevé
	vous élèveriez	vous auriez élevé
	ils élèveraient	ils auraient élevé

	SUBJUNCTIVE	
PRESENT	IMPERFECT	PERFECT
j'élève	j'élevasse	j'aie élevé
tu élèves	tu élevasses	tu aies élevé
il élève	il élevât	il ait élevé
nous élevions	nous élevassions	nous ayons élevé
vous éleviez	vous élevassiez	vous ayez élevé
ils élèvent	ils élevassent	ils aient élevé

INFINITIVE	PARTICIPLE
PRESENT	PRESENT
élever	élevant
PAST	PAST
avoir élevé	élevé

ÉMOUVOIR to move (emotionally)

PRESENT	IMPERFECT	FUTURE
j'émeus	j'émouvais	j'émouvrai
tu émeus	tu émouvais	tu émouvras
il émeut	il émouvait	il émouvra
nous émouvons	nous émouvions	nous émouvrons
vous émouvez	vous émouviez	vous émouvrez
ils émeuvent	ils émouvaient	ils émouvront

PAST HISTORIC	PERFECT	PLUPERFECT
j'émus	j'ai ému	j'avais ému
tu émus	tu as ému	tu avais ému
il émut	il a ému	il avait ému
nous émûmes	nous avons ému	nous avions ému
vous émûtes	vous avez ému	vous aviez ému
ils émurent	ils ont ému	ils avaient ému

PAST ANTERIOR	FUTURE PERFECT
j'eus ému etc	j'aurai ému etc

IMPERATIVE	CONDITIONAL	
	PRESENT	PAST
émeus	j'émouvrais	j'aurais ému
émouvons	tu émouvrais	tu aurais ému
émouvez	il émouvrait	il aurait ému
	nous émouvrions	nous aurions ému
	vous émouvriez	vous auriez ému
	ils émouvraient	ils auraient ému

SUBJUNCTIVE

PRESENT	IMPERFECT	PERFECT
j'émeuve	j'émusse	j'aie ému
tu émeuves	tu émusses	tu aies ému
il émeuve	il émût	il ait ému
nous émouvions	nous émussions	nous ayons ému
vous émouviez	vous émussiez	vous ayez ému
ils émeuvent	ils émussent	ils aient ému

INFINITIVE	PARTICIPLE
PRESENT	PRESENT
émouvoir	émouvant
PAST	PAST
avoir ému	ému

ENCLORE to enclose

PRESENT	IMPERFECT	FUTURE
j'enclos		j'enclorai
tu enclos		tu encloras
il enclôt		il enclora
nous enclosons		nous enclorons
vous enclosez		vous enclorez
ils enclosent		ils encloront

PAST HISTORIC	PERFECT	PLUPERFECT
	j'ai enclos	j'avais enclos
	tu as enclos	tu avais enclos
	il a enclos	il avait enclos
	nous avons enclos	nous avions enclos
	vous avez enclos	vous aviez enclos
	ils ont enclos	ils avaient enclos

PAST ANTERIOR	FUTURE PERFECT
j'eus enclos etc	j'aurai enclos etc

IMPERATIVE	CONDITIONAL	
	PRESENT	PAST
enclos	j'enclorais	j'aurais enclos
	tu enclorais	tu aurais enclos
	il enclorait	il aurait enclos
	nous enclorions	nous aurions enclos
	vous encloriez	vous auriez enclos
	ils encloraient	ils auraient enclos

SUBJUNCTIVE

PRESENT	IMPERFECT	PERFECT
j'enclose		j'aie enclos
tu encloses		tu aies enclos
il enclose		il ait enclos
nous enclosions		nous ayons enclos
vous enclosiez		vous ayez enclos
ils enclosent		ils aient enclos

INFINITIVE	PARTICIPLE
PRESENT	PRESENT
enclore	
PAST	PAST
avoir enclos	enclos

PRESENT

je m'endors
tu t'endors
il s'endort
nous nous endormons
vous vous endormez
ils s'endorment

IMPERFECT

je m'endormais
tu t'endormais
il s'endormait
nous nous endormions
vous vous endormiez
ils s'endormaient

FUTURE

je m'endormirai
tu t'endormiras
il s'endormira
nous nous endormirons
vous vous endormirez
ils s'endormiront

PAST HISTORIC

je m'endormis
tu t'endormis
il s'endormit
nous nous endormîmes
vous vous endormîtes
ils s'endormirent

PERFECT

je me suis endormi
tu t'es endormi
il s'est endormi
nous ns. sommes endormis
vous vs. êtes endormi(s)
ils se sont endormis

PLUPERFECT

je m'étais endormi
tu t'étais endormi
il s'était endormi
nous ns. étions endormis
vous vs. étiez endormi(s)
ils s'étaient endormis

PAST ANTERIOR

je me fus endormi etc

FUTURE PERFECT

je me serai endormi etc

IMPERATIVE

endors-toi
endormons-nous
endormez-vous

CONDITIONAL

PRESENT

je m'endormirais
tu t'endormirais
il s'endormirait
nous nous endormirions
vous vous endormiriez
ils s'endormiraient

PAST

je me serais endormi
tu te serais endormi
il se serait endormi
nous ns. serions endormis
vous vs. seriez endormi(s)
ils se seraient endormis

SUBJUNCTIVE

PRESENT

je m'endorme
tu t'endormes
il s'endorme
nous nous endormions
vous vous endormiez
ils s'endorment

IMPERFECT

je m'endormisse
tu t'endormisses
il s'endormît
nous nous endormissions
vous vous endormissiez
ils s'endormissent

PERFECT

je me sois endormi
tu te sois endormi
il se soit endormi
nous ns. soyons endormis
vous vs. soyez endormi(s)
ils se soient endormis

INFINITIVE

PRESENT

s'endormir

PAST

s'être endormi

PARTICIPLE

PRESENT

s'endormant

PAST

endormi

PRESENT	**IMPERFECT**	**FUTURE**
je m'enfuis	je m'enfuyais	je m'enfuirai
tu t'enfuis	tu t'enfuyais	tu t'enfuiras
il s'enfuit	il s'enfuyait	il s'enfuira
nous nous enfuyons	nous nous enfuyions	nous nous enfuirons
vous vous enfuyez	vous vous enfuyiez	vous vous enfuirez
ils s'enfuient	ils s'enfuyaient	ils s'enfuiront

PAST HISTORIC	**PERFECT**	**PLUPERFECT**
je m'enfuis	je me suis enfui	je m'étais enfui
tu t'enfuis	tu t'es enfui	tu t'étais enfui
il s'enfuit	il s'est enfui	il s'était enfui
nous nous enfuîmes	nous nous sommes enfuis	nous nous étions enfuis
vous vous enfuîtes	vous vous êtes enfui(s)	vous vous étiez enfui(s)
ils s'enfuirent	ils se sont enfuis	ils s'étaient enfuis

PAST ANTERIOR	**FUTURE PERFECT**
je me fus enfui etc	je me serai enfui etc

IMPERATIVE	**CONDITIONAL**	
	PRESENT	**PAST**
enfuis-toi	je m'enfuirais	je me serais enfui
enfuyons-nous	tu t'enfuirais	tu te serais enfui
enfuyez-vous	il s'enfuirait	il se serait enfui
	nous nous enfuirions	nous nous serions enfuis
	vous vous enfuiriez	vous vous seriez enfui(s)
	ils s'enfuiraient	ils se seraient enfuis

SUBJUNCTIVE

PRESENT	**IMPERFECT**	**PERFECT**
je m'enfuie	je m'enfuisse	je me sois enfui
tu t'enfuies	tu t'enfuisses	tu te sois enfui
il s'enfuie	il s'enfuît	il se soit enfui
nous nous enfuyions	nous nous enfuissions	nous nous soyons enfuis
vous vous enfuyiez	vous vous enfuissiez	vous vous soyez enfui(s)
ils s'enfuient	ils s'enfuissent	ils se soient enfuis

INFINITIVE	**PARTICIPLE**
PRESENT	**PRESENT**
s'enfuir	s'enfuyant
PAST	**PAST**
s'être enfui	enfui

PRESENT	IMPERFECT	FUTURE
j'ennuie	j'ennuyais	j'ennuierai
tu ennuies	tu ennuyais	tu ennuieras
il ennuie	il ennuyait	il ennuiera
nous ennuyons	nous ennuyions	nous ennuierons
vous ennuyez	vous ennuyiez	vous ennuierez
ils ennuient	ils ennuyaient	ils ennuieront

PAST HISTORIC	PERFECT	PLUPERFECT
j'ennuyai	j'ai ennuyé	j'avais ennuyé
tu ennuyas	tu as ennuyé	tu avais ennuyé
il ennuya	il a ennuyé	il avait ennuyé
nous ennuyâmes	nous avons ennuyé	nous avions ennuyé
vous ennuyâtes	vous avez ennuyé	vous aviez ennuyé
ils ennuyèrent	ils ont ennuyé	ils avaient ennuyé

PAST ANTERIOR	FUTURE PERFECT
j'eus ennuyé etc	j'aurai ennuyé etc

IMPERATIVE	CONDITIONAL	
	PRESENT	PAST
ennuie	j'ennuierais	j'aurais ennuyé
ennuyons	tu ennuierais	tu aurais ennuyé
ennuyez	il ennuierait	il aurait ennuyé
	nous ennuierions	nous aurions ennuyé
	vous ennuieriez	vous auriez ennuyé
	ils ennuieraient	ils auraient ennuyé

SUBJUNCTIVE

PRESENT	IMPERFECT	PERFECT
j'ennuie	j'ennuyasse	j'aie ennuyé
tu ennuies	tu ennuyasses	tu aies ennuyé
il ennuie	il ennuyât	il ait ennuyé
nous ennuyions	nous ennuyassions	nous ayons ennuyé
vous ennuyiez	vous ennuyassiez	vous ayez ennuyé
ils ennuient	ils ennuyassent	ils aient ennuyé

INFINITIVE	PARTICIPLE
PRESENT	**PRESENT**
ennuyer	ennuyant
PAST	**PAST**
avoir ennuyé	ennuyé

PRESENT
il s'ensuit
ils s'ensuivent

IMPERFECT
il s'ensuivait
ils s'ensuivaient

FUTURE
il s'ensuivra
ils s'ensuivront

PAST HISTORIC
il s'ensuivit
ils s'ensuivirent

PERFECT
il s'est ensuivi
ils se sont ensuivis

PLUPERFECT
il s'était ensuivi
ils s'étaient ensuivis

PAST ANTERIOR
il se fut ensuivi etc

FUTURE PERFECT
il se sera ensuivi etc

IMPERATIVE

CONDITIONAL

PRESENT
il s'ensuivrait
ils s'ensuivraient

PAST
il se serait ensuivi
ils se seraient ensuivis

SUBJUNCTIVE

PRESENT
il s'ensuive
ils s'ensuivent

IMPERFECT
il s'ensuivît
ils s'ensuivissent

PERFECT
il se soit ensuivi
ils se soient ensuivis

INFINITIVE
PRESENT
s'ensuivre
PAST
s'être ensuivi

PARTICIPLE
PRESENT

PAST
ensuivi

PRESENT	IMPERFECT	FUTURE
j'entends	j'entendais	j'entendrai
tu entends	tu entendais	tu entendras
il entend	il entendait	il entendra
nous entendons	nous entendions	nous entendrons
vous entendez	vous entendiez	vous entendrez
ils entendent	ils entendaient	ils entendront

PAST HISTORIC	PERFECT	PLUPERFECT
j'entendis	j'ai entendu	j'avais entendu
tu entendis	tu as entendu	tu avais entendu
il entendit	il a entendu	il avait entendu
nous entendîmes	nous avons entendu	nous avions entendu
vous entendîtes	vous avez entendu	vous aviez entendu
ils entendirent	ils ont entendu	ils avaient entendu

PAST ANTERIOR	FUTURE PERFECT
j'eus entendu etc	j'aurai entendu etc

IMPERATIVE	CONDITIONAL	
	PRESENT	PAST
entends	j'entendrais	j'aurais entendu
entendons	tu entendrais	tu aurais entendu
entendez	il entendrait	il aurait entendu
	nous entendrions	nous aurions entendu
	vous entendriez	vous auriez entendu
	ils entendraient	ils auraient entendu

SUBJUNCTIVE

PRESENT	IMPERFECT	PERFECT
j'entende	j'entendisse	j'aie entendu
tu entendes	tu entendisses	tu aies entendu
il entende	il entendît	il ait entendu
nous entendions	nous entendissions	nous ayons entendu
vous entendiez	vous entendissiez	vous ayez entendu
ils entendent	ils entendissent	ils aient entendu

INFINITIVE	PARTICIPLE
PRESENT	PRESENT
entendre	entendant
PAST	PAST
avoir entendu	entendu

ENTRER to enter

PRESENT	IMPERFECT	FUTURE
j'entre	j'entrais	j'entrerai
tu entres	tu entrais	tu entreras
il entre	il entrait	il entrera
nous entrons	nous entrions	nous entrerons
vous entrez	vous entriez	vous entrerez
ils entrent	ils entraient	ils entreront

PAST HISTORIC	PERFECT	PLUPERFECT
j'entrai	je suis entré	j'étais entré
tu entras	tu es entré	tu étais entré
il entra	il est entré	il était entré
nous entrâmes	nous sommes entrés	nous étions entrés
vous entrâtes	vous êtes entré(s)	vous étiez entré(s)
ils entrèrent	ils sont entrés	ils étaient entrés

PAST ANTERIOR	FUTURE PERFECT
je fus entré etc	je serai entré etc

IMPERATIVE	CONDITIONAL	
	PRESENT	PAST
entre	j'entrerais	je serais entré
entrons	tu entrerais	tu serais entré
entrez	il entrerait	il serait entré
	nous entrerions	nous serions entrés
	vous entreriez	vous seriez entré(s)
	ils entreraient	ils seraient entrés

SUBJUNCTIVE

PRESENT	IMPERFECT	PERFECT
j'entre	j'entrasse	je sois entré
tu entres	tu entrasses	tu sois entré
il entre	il entrât	il soit entré
nous entrions	nous entrassions	nous soyons entrés
vous entriez	vous entrassiez	vous soyez entré(s)
ils entrent	ils entrassent	ils soient entrés

INFINITIVE	PARTICIPLE	NOTE
PRESENT	PRESENT	**entrer** takes the auxiliary 'avoir' when transitive
entrer	entrant	
PAST	PAST	
être entré	entré	

ENVAHIR to invade

PRESENT	IMPERFECT	FUTURE
j'envahis	j'envahissais	j'envahirai
tu envahis	tu envahissais	tu envahiras
il envahit	il envahissait	il envahira
nous envahissons	nous envahissions	nous envahirons
vous envahissez	vous envahissiez	vous envahirez
ils envahissent	ils envahissaient	ils envahiront

PAST HISTORIC	PERFECT	PLUPERFECT
j'envahis	j'ai envahi	j'avais envahi
tu envahis	tu as envahi	tu avais envahi
il envahit	il a envahi	il avait envahi
nous envahîmes	nous avons envahi	nous avions envahi
vous envahîtes	vous avez envahi	vous aviez envahi
ils envahirent	ils ont envahi	ils avaient envahi

PAST ANTERIOR	FUTURE PERFECT
j'eus envahi etc	j'aurai envahi etc

IMPERATIVE	CONDITIONAL	
	PRESENT	PAST
envahis	j'envahirais	j'aurais envahi
envahissons	tu envahirais	tu aurais envahi
envahissez	il envahirait	il aurait envahi
	nous envahirions	nous aurions envahi
	vous envahiriez	vous auriez envahi
	ils envahiraient	ils auraient envahi

SUBJUNCTIVE

PRESENT	IMPERFECT	PERFECT
j'envahisse	j'envahisse	j'aie envahi
tu envahisses	tu envahisses	tu aies envahi
il envahisse	il envahît	il ait envahi
nous envahissions	nous envahissions	nous ayons envahi
vous envahissiez	vous envahissiez	vous ayez envahi
ils envahissent	ils envahissent	ils aient envahi

INFINITIVE	PARTICIPLE
PRESENT	PRESENT
envahir	envahissant
PAST	PAST
avoir envahi	envahi

ENVOYER to send

PRESENT	IMPERFECT	FUTURE
j'envoie	j'envoyais	j'enverrai
tu envoies	tu envoyais	tu enverras
il envoie	il envoyait	il enverra
nous envoyons	nous envoyions	nous enverrons
vous envoyez	vous envoyiez	vous enverrez
ils envoient	ils envoyaient	ils enverront

PAST HISTORIC	PERFECT	PLUPERFECT
j'envoyai	j'ai envoyé	j'avais envoyé
tu envoyas	tu as envoyé	tu avais envoyé
il envoya	il a envoyé	il avait envoyé
nous envoyâmes	nous avons envoyé	nous avions envoyé
vous envoyâtes	vous avez envoyé	vous aviez envoyé
ils envoyèrent	ils ont envoyé	ils avaient envoyé

PAST ANTERIOR	FUTURE PERFECT
j'eus envoyé etc	j'aurai envoyé etc

IMPERATIVE	CONDITIONAL	
	PRESENT	PAST
envoie	j'enverrais	j'aurais envoyé
envoyons	tu enverrais	tu aurais envoyé
envoyez	il enverrait	il aurait envoyé
	nous enverrions	nous aurions envoyé
	vous enverriez	vous auriez envoyé
	ils enverraient	ils auraient envoyé

SUBJUNCTIVE

PRESENT	IMPERFECT	PERFECT
j'envoie	j'envoyasse	j'aie envoyé
tu envoies	tu envoyasses	tu aies envoyé
il envoie	il envoyât	il ait envoyé
nous envoyions	nous envoyassions	nous ayons envoyé
vous envoyiez	vous envoyassiez	vous ayez envoyé
ils envoient	ils envoyassent	ils aient envoyé

INFINITIVE	PARTICIPLE
PRESENT	PRESENT
envoyer	envoyant
PAST	PAST
avoir envoyé	envoyé

ESPÉRER to hope

PRESENT	IMPERFECT	FUTURE
j'espère	j'espérais	j'espérerai
tu espères	tu espérais	tu espéreras
il espère	il espérait	il espérera
nous espérons	nous espérions	nous espérerons
vous espérez	vous espériez	vous espérerez
ils espèrent	ils espéraient	ils espéreront

PAST HISTORIC	PERFECT	PLUPERFECT
j'espérai	j'ai espéré	j'avais espéré
tu espéras	tu as espéré	tu avais espéré
il espéra	il a espéré	il avait espéré
nous espérâmes	nous avons espéré	nous avions espéré
vous espérâtes	vous avez espéré	vous aviez espéré
ils espérèrent	ils ont espéré	ils avaient espéré

PAST ANTERIOR	FUTURE PERFECT
j'eus espéré etc	j'aurai espéré etc

IMPERATIVE / CONDITIONAL

IMPERATIVE	PRESENT	PAST
espère	j'espérerais	j'aurais espéré
espérons	tu espérerais	tu aurais espéré
espérez	il espérerait	il aurait espéré
	nous espérerions	nous aurions espéré
	vous espéreriez	vous auriez espéré
	ils espéreraient	ils auraient espéré

SUBJUNCTIVE

PRESENT	IMPERFECT	PERFECT
j'espère	j'espérasse	j'aie espéré
tu espères	tu espérasses	tu aies espéré
il espère	il espérât	il ait espéré
nous espérions	nous espérassions	nous ayons espéré
vous espériez	vous espérassiez	vous ayez espéré
ils espèrent	ils espérassent	ils aient espéré

INFINITIVE	PARTICIPLE
PRESENT	**PRESENT**
espérer	espérant
PAST	**PAST**
avoir espéré	espéré

PRESENT	IMPERFECT	FUTURE
je suis	j'étais	je serai
tu es	tu étais	tu seras
il est	il était	il sera
nous sommes	nous étions	nous serons
vous êtes	vous étiez	vous serez
ils sont	ils étaient	ils seront

PAST HISTORIC	PERFECT	PLUPERFECT
je fus	j'ai été	j'avais été
tu fus	tu as été	tu avais été
il fut	il a été	il avait été
nous fûmes	nous avons été	nous avions été
vous fûtes	vous avez été	vous aviez été
ils furent	ils ont été	ils avaient été

PAST ANTERIOR	FUTURE PERFECT	
j'eus été etc	j'aurai été etc	

IMPERATIVE	CONDITIONAL	
	PRESENT	PAST
sois	je serais	j'aurais été
soyons	tu serais	tu aurais été
soyez	il serait	il aurait été
	nous serions	nous aurions été
	vous seriez	vous auriez été
	ils seraient	ils auraient été

SUBJUNCTIVE

PRESENT	IMPERFECT	PERFECT
je sois	je fusse	j'aie été
tu sois	tu fusses	tu aies été
il soit	il fût	il ait été
nous soyons	nous fussions	nous ayons été
vous soyez	vous fussiez	vous ayez été
ils soient	ils fussent	ils aient été

INFINITIVE	PARTICIPLE
PRESENT	PRESENT
être	étant
PAST	PAST
avoir été	été

ÉTUDIER to study

PRESENT	IMPERFECT	FUTURE
j'étudie	j'étudiais	j'étudierai
tu étudies	tu étudiais	tu étudieras
il étudie	il étudiait	il étudiera
nous étudions	nous étudiions	nous étudierons
vous étudiez	vous étudiiez	vous étudierez
ils étudient	ils étudiaient	ils étudieront

PAST HISTORIC	PERFECT	PLUPERFECT
j'étudiai	j'ai étudié	j'avais étudié
tu étudias	tu as étudié	tu avais étudié
il étudia	il a étudié	il avait étudié
nous étudiâmes	nous avons étudié	nous avions étudié
vous étudiâtes	vous avez étudié	vous aviez étudié
ils étudièrent	ils ont étudié	ils avaient étudié

PAST ANTERIOR	FUTURE PERFECT
j'eus étudié etc	j'aurai étudié etc

IMPERATIVE	CONDITIONAL	
	PRESENT	PAST
étudie	j'étudierais	j'aurais étudié
étudions	tu étudierais	tu aurais étudié
étudiez	il étudierait	il aurait étudié
	nous étudierions	nous aurions étudié
	vous étudieriez	vous auriez étudié
	ils étudieraient	ils auraient étudié

SUBJUNCTIVE

PRESENT	IMPERFECT	PERFECT
j'étudie	j'étudiasse	j'aie étudié
tu étudies	tu étudiasses	tu aies étudié
il étudie	il étudiât	il ait étudié
nous étudiions	nous étudiassions	nous ayons étudié
vous étudiiez	vous étudiassiez	vous ayez étudié
ils étudient	ils étudiassent	ils aient étudié

INFINITIVE	PARTICIPLE
PRESENT	**PRESENT**
étudier	étudiant
PAST	**PAST**
avoir étudié	étudié

S'ÉVANOUIR to faint

PRESENT	IMPERFECT	FUTURE
je m'évanouis	je m'évanouissais	je m'évanouirai
tu t'évanouis	tu t'évanouissais	tu t'évanouiras
il s'évanouit	il s'évanouissait	il s'évanouira
nous nous évanouissons	nous nous évanouissions	nous nous évanouirons
vous vous évanouissez	vous vous évanouissiez	vous vous évanouirez
ils s'évanouissent	ils s'évanouissaient	ils s'évanouiront

PAST HISTORIC	PERFECT	PLUPERFECT
je m'évanouis	je me suis évanoui	je m'étais évanoui
tu t'évanouis	tu t'es évanoui	tu t'étais évanoui
il s'évanouit	il s'est évanoui	il s'était évanoui
nous nous évanouîmes	nous ns. sommes évanouis	nous nous étions évanouis
vous vous évanouîtes	vous vs. êtes évanoui(s)	vous vous étiez évanoui(s)
ils s'évanouirent	ils se sont évanouis	ils s'étaient évanouis

PAST ANTERIOR	FUTURE PERFECT
je me fus évanoui etc	je me serai évanoui etc

IMPERATIVE

évanouis-toi
évanouissons-nous
évanouissez-vous

CONDITIONAL

PRESENT	PAST
je m'évanouirais	je me serais évanoui
tu t'évanouirais	tu te serais évanoui
il s'évanouirait	il se serait évanoui
nous nous évanouirions	nous nous serions évanouis
vous vous évanouiriez	vous vous seriez évanoui(s)
ils s'évanouiraient	ils se seraient évanouis

SUBJUNCTIVE

PRESENT	IMPERFECT	PERFECT
je m'évanouisse	je m'évanouisse	je me sois évanoui
tu t'évanouisses	tu t'évanouisses	tu te sois évanoui
il s'évanouisse	il s'évanouît	il se soit évanoui
nous nous évanouissions	nous nous évanouissions	nous nous soyons évanouis
vous vous évanouissiez	vous vous évanouissiez	vous vous soyez évanoui(s)
ils s'évanouissent	ils s'évanouissent	ils se soient évanouis

INFINITIVE	PARTICIPLE
PRESENT	**PRESENT**
s'évanouir	s'évanouissant
PAST	**PAST**
s'être évanoui	évanoui

PRESENT	**IMPERFECT**	**FUTURE**
j'exècre	j'exécrais	j'exécrerai
tu exècres	tu exécrais	tu exécreras
il exècre	il exécrait	il exécrera
nous exécrons	nous exécrions	nous exécrerons
vous exécrez	vous exécriez	vous exécrerez
ils exècrent	ils exécraient	ils exécreront

PAST HISTORIC	**PERFECT**	**PLUPERFECT**
j'exécrai	j'ai exécré	j'avais exécré
tu exécras	tu as exécré	tu avais exécré
il exécra	il a exécré	il avait exécré
nous exécrâmes	nous avons exécré	nous avions exécré
vous exécrâtes	vous avez exécré	vous aviez exécré
ils exécrèrent	ils ont exécré	ils avaient exécré

PAST ANTERIOR	**FUTURE PERFECT**
j'eus exécré etc	j'aurai exécré etc

IMPERATIVE	**CONDITIONAL**	
	PRESENT	**PAST**
exècre	j'exécrerais	j'aurais exécré
exécrons	tu exécrerais	tu aurais exécré
exécrez	il exécrerait	il aurait exécré
	nous exécrerions	nous aurions exécré
	vous exécreriez	vous auriez exécré
	ils exécreraient	ils auraient exécré

SUBJUNCTIVE

PRESENT	**IMPERFECT**	**PERFECT**
j'exècre	j'exécrasse	j'aie exécré
tu exècres	tu exécrasses	tu aies exécré
il exècre	il exécrât	il ait exécré
nous exécrions	nous exécrassions	nous ayons exécré
vous exécriez	vous exécrassiez	vous ayez exécré
ils exècrent	ils exécrassent	ils aient exécré

INFINITIVE	**PARTICIPLE**
PRESENT	**PRESENT**
exécrer	exécrant
PAST	**PAST**
avoir exécré	exécré

FAILLIR to fail, to nearly (do something)

PRESENT	IMPERFECT	FUTURE
		je faillirai
		tu failliras
		il faillira
		nous faillirons
		vous faillirez
		ils failliront

PAST HISTORIC	PERFECT	PLUPERFECT
je faillis	j'ai failli	j'avais failli
tu faillis	tu as failli	tu avais failli
il faillit	il a failli	il avait failli
nous faillîmes	nous avons failli	nous avions failli
vous faillîtes	vous avez failli	vous aviez failli
ils faillirent	ils ont failli	ils avaient failli

PAST ANTERIOR	FUTURE PERFECT
j'eus failli etc	j'aurai failli etc

IMPERATIVE

CONDITIONAL

	PRESENT	PAST
	je faillirais	j'aurais failli
	tu faillirais	tu aurais failli
	il faillirait	il aurait failli
	nous faillirions	nous aurions failli
	vous failliriez	vous auriez failli
	ils failliraient	ils auraient failli

SUBJUNCTIVE

PRESENT	IMPERFECT	PERFECT
		j'aie failli
		tu aies failli
		il ait failli
		nous ayons failli
		vous ayez failli
		ils aient failli

INFINITIVE	PARTICIPLE	NOTE
PRESENT	PRESENT	j'ai failli = I nearly fell
faillir		
PAST	PAST	
avoir failli	failli	

PRESENT	IMPERFECT	FUTURE
je fais	je faisais	je ferai
tu fais	tu faisais	tu feras
il fait	il faisait	il fera
nous faisons	nous faisions	nous ferons
vous faites	vous faisiez	vous ferez
ils font	ils faisaient	ils feront

PAST HISTORIC	PERFECT	PLUPERFECT
je fis	j'ai fait	j'avais fait
tu fis	tu as fait	tu avais fait
il fit	il a fait	il avait fait
nous fîmes	nous avons fait	nous avions fait
vous fîtes	vous avez fait	vous aviez fait
ils firent	ils ont fait	ils avaient fait

PAST ANTERIOR	FUTURE PERFECT
j'eus fait etc	j'aurai fait etc

IMPERATIVE	CONDITIONAL	
	PRESENT	PAST
fais	je ferais	j'aurais fait
faisons	tu ferais	tu aurais fait
faites	il ferait	il aurait fait
	nous ferions	nous aurions fait
	vous feriez	vous auriez fait
	ils feraient	ils auraient fait

SUBJUNCTIVE

PRESENT	IMPERFECT	PERFECT
je fasse	je fisse	j'aie fait
tu fasses	tu fisses	tu aies fait
il fasse	il fît	il ait fait
nous fassions	nous fissions	nous ayons fait
vous fassiez	vous fissiez	vous ayez fait
ils fassent	ils fissent	ils aient fait

INFINITIVE	PARTICIPLE
PRESENT	PRESENT
faire	faisant
PAST	PAST
avoir fait	fait

PRESENT	IMPERFECT	FUTURE
il faut	il fallait	il faudra

PAST HISTORIC	PERFECT	PLUPERFECT
il fallut	il a fallu	il avait fallu

PAST ANTERIOR	FUTURE PERFECT	
il eut fallu	il aura fallu	

IMPERATIVE	CONDITIONAL	
	PRESENT	PAST
	il faudrait	il aurait fallu

	SUBJUNCTIVE	
PRESENT	IMPERFECT	PERFECT
il faille	il fallût	il ait fallu

INFINITIVE	PARTICIPLE
PRESENT	PRESENT
falloir	
PAST	PAST
avoir fallu	fallu

FINIR to finish

PRESENT	IMPERFECT	FUTURE
je finis	je finissais	je finirai
tu finis	tu finissais	tu finiras
il finit	il finissait	il finira
nous finissons	nous finissions	nous finirons
vous finissez	vous finissiez	vous finirez
ils finissent	ils finissaient	ils finiront

PAST HISTORIC	PERFECT	PLUPERFECT
je finis	j'ai fini	j'avais fini
tu finis	tu as fini	tu avais fini
il finit	il a fini	il avait fini
nous finîmes	nous avons fini	nous avions fini
vous finîtes	vous avez fini	vous aviez fini
ils finirent	ils ont fini	ils avaient fini

PAST ANTERIOR	FUTURE PERFECT
j'eus fini etc	j'aurai fini etc

IMPERATIVE	CONDITIONAL	
	PRESENT	PAST
finis	je finirais	j'aurais fini
finissons	tu finirais	tu aurais fini
finissez	il finirait	il aurait fini
	nous finirions	nous aurions fini
	vous finiriez	vous auriez fini
	ils finiraient	ils auraient fini

SUBJUNCTIVE

PRESENT	IMPERFECT	PERFECT
je finisse	je finisse	j'aie fini
tu finisses	tu finisses	tu aies fini
il finisse	il finît	il ait fini
nous finissions	nous finissions	nous ayons fini
vous finissiez	vous finissiez	vous ayez fini
ils finissent	ils finissent	ils aient fini

INFINITIVE	PARTICIPLE
PRESENT	**PRESENT**
finir	finissant
PAST	**PAST**
avoir fini	fini

PRESENT	**IMPERFECT**	**FUTURE**
je fouille	je fouillais	je fouillerai
tu fouilles	tu fouillais	tu fouilleras
il fouille	il fouillait	il fouillera
nous fouillons	nous fouillions	nous fouillerons
vous fouillez	vous fouilliez	vous fouillerez
ils fouillent	ils fouillaient	ils fouilleront

PAST HISTORIC	**PERFECT**	**PLUPERFECT**
je fouillai	j'ai fouillé	j'avais fouillé
tu fouillas	tu as fouillé	tu avais fouillé
il fouilla	il a fouillé	il avait fouillé
nous fouillâmes	nous avons fouillé	nous avions fouillé
vous fouillâtes	vous avez fouillé	vous aviez fouillé
ils fouillèrent	ils ont fouillé	ils avaient fouillé

PAST ANTERIOR	**FUTURE PERFECT**
j'eus fouillé etc	j'aurai fouillé etc

IMPERATIVE	**CONDITIONAL**	
	PRESENT	**PAST**
fouille	je fouillerais	j'aurais fouillé
fouillons	tu fouillerais	tu aurais fouillé
fouillez	il fouillerait	il aurait fouillé
	nous fouillerions	nous aurions fouillé
	vous fouilleriez	vous auriez fouillé
	ils fouilleraient	ils auraient fouillé

	SUBJUNCTIVE	
PRESENT	**IMPERFECT**	**PERFECT**
je fouille	je fouillasse	j'aie fouillé
tu fouilles	tu fouillasses	tu aies fouillé
il fouille	il fouillât	il ait fouillé
nous fouillions	nous fouillassions	nous ayons fouillé
vous fouilliez	vous fouillassiez	vous ayez fouillé
ils fouillent	ils fouillassent	ils aient fouillé

INFINITIVE	**PARTICIPLE**
PRESENT	**PRESENT**
fouiller	fouillant
PAST	**PAST**
avoir fouillé	fouillé

FOUTRE to put, to do (*colloquial*)

PRESENT	IMPERFECT	FUTURE
je fous	je foutais	je foutrai
tu fous	tu foutais	tu foutras
il fout	il foutait	il foutra
nous foutons	nous foutions	nous foutrons
vous foutez	vous foutiez	vous foutrez
ils foutent	ils foutaient	ils foutront

PAST HISTORIC	PERFECT	PLUPERFECT
	j'ai foutu	j'avais foutu
	tu as foutu	tu avais foutu
	il a foutu	il avait foutu
	nous avons foutu	nous avions foutu
	vous avez foutu	vous aviez foutu
	ils ont foutu	ils avaient foutu

PAST ANTERIOR	FUTURE PERFECT
j'eus foutu etc	j'aurai foutu etc

IMPERATIVE | CONDITIONAL

IMPERATIVE	PRESENT	PAST
fous	je foutrais	j'aurais foutu
foutons	tu foutrais	tu aurais foutu
foutez	il foutrait	il aurait foutu
	nous foutrions	nous aurions foutu
	vous foutriez	vous auriez foutu
	ils foutraient	ils auraient foutu

SUBJUNCTIVE

PRESENT	IMPERFECT	PERFECT
je foute		j'aie foutu
tu foutes		tu aies foutu
il foute		il ait foutu
nous foutions		nous ayons foutu
vous foutiez		vous ayez foutu
ils foutent		ils aient foutu

INFINITIVE	PARTICIPLE
PRESENT	PRESENT
foutre	foutant
PAST	PAST
avoir foutu	foutu

PRESENT	IMPERFECT	FUTURE
je fris		
tu fris		
il frit		

PAST HISTORIC	PERFECT	PLUPERFECT
	j'ai frit	j'avais frit
	tu as frit	tu avais frit
	il a frit	il avait frit
	nous avons frit	nous avions frit
	vous avez frit	vous aviez frit
	ils ont frit	ils avaient frit

PAST ANTERIOR	FUTURE PERFECT	
j'eus frit etc	j'aurai frit etc	

IMPERATIVE	CONDITIONAL	
	PRESENT	PAST
fris		j'aurais frit
		tu aurais frit
		il aurait frit
		nous aurions frit
		vous auriez frit
		ils auraient frit

	SUBJUNCTIVE	
PRESENT	IMPERFECT	PERFECT
		j'aie frit
		tu aies frit
		il ait frit
		nous ayons frit
		vous ayez frit
		ils aient frit

INFINITIVE	PARTICIPLE
PRESENT	PRESENT
frire	
PAST	PAST
avoir frit	frit

FUIR to flee

PRESENT	**IMPERFECT**	**FUTURE**
je fuis	je fuyais	je fuirai
tu fuis	tu fuyais	tu fuiras
il fuit	il fuyait	il fuira
nous fuyons	nous fuyions	nous fuirons
vous fuyez	vous fuyiez	vous fuirez
ils fuient	ils fuyaient	ils fuiront

PAST HISTORIC	**PERFECT**	**PLUPERFECT**
je fuis	j'ai fui	j'avais fui
tu fuis	tu as fui	tu avais fui
il fuit	il a fui	il avait fui
nous fuîmes	nous avons fui	nous avions fui
vous fuîtes	vous avez fui	vous aviez fui
ils fuirent	ils ont fui	ils avaient fui

PAST ANTERIOR	**FUTURE PERFECT**
j'eus fui etc	j'aurai fui etc

IMPERATIVE	**CONDITIONAL**	
	PRESENT	**PAST**
fuis	je fuirais	j'aurais fui
fuyons	tu fuirais	tu aurais fui
fuyez	il fuirait	il aurait fui
	nous fuirions	nous aurions fui
	vous fuiriez	vous auriez fui
	ils fuiraient	ils auraient fui

SUBJUNCTIVE

PRESENT	**IMPERFECT**	**PERFECT**
je fuie	je fuisse	j'aie fui
tu fuies	tu fuisses	tu aies fui
il fuie	il fût	il ait fui
nous fuyions	nous fuissions	nous ayons fui
vous fuyiez	vous fuissiez	vous ayez fui
ils fuient	ils fuissent	ils aient fui

INFINITIVE	**PARTICIPLE**
PRESENT	**PRESENT**
fuir	fuyant
PAST	**PAST**
avoir fui	fui

PRESENT	IMPERFECT	FUTURE
je gagne	je gagnais	je gagnerai
tu gagnes	tu gagnais	tu gagneras
il gagne	il gagnait	il gagnera
nous gagnons	nous gagnions	nous gagnerons
vous gagnez	vous gagniez	vous gagnerez
ils gagnent	ils gagnaient	ils gagneront

PAST HISTORIC	PERFECT	PLUPERFECT
je gagnai	j'ai gagné	j'avais gagné
tu gagnas	tu as gagné	tu avais gagné
il gagna	il a gagné	il avait gagné
nous gagnâmes	nous avons gagné	nous avions gagné
vous gagnâtes	vous avez gagné	vous aviez gagné
ils gagnèrent	ils ont gagné	ils avaient gagné

PAST ANTERIOR	FUTURE PERFECT
j'eus gagné etc	j'aurai gagné etc

IMPERATIVE	CONDITIONAL	
	PRESENT	PAST
gagne	je gagnerais	j'aurais gagné
gagnons	tu gagnerais	tu aurais gagné
gagnez	il gagnerait	il aurait gagné
	nous gagnerions	nous aurions gagné
	vous gagneriez	vous auriez gagné
	ils gagneraient	ils auraient gagné

SUBJUNCTIVE

PRESENT	IMPERFECT	PERFECT
je gagne	je gagnasse	j'aie gagné
tu gagnes	tu gagnasses	tu aies gagné
il gagne	il gagnât	il ait gagné
nous gagnions	nous gagnassions	nous ayons gagné
vous gagniez	vous gagnassiez	vous ayez gagné
ils gagnent	ils gagnassent	ils aient gagné

INFINITIVE	PARTICIPLE
PRESENT	PRESENT
gagner	gagnant
PAST	PAST
avoir gagné	gagné

PRESENT	IMPERFECT	FUTURE
je gis	je gisais	
tu gis	tu gisais	
il git	il gisait	
nous gisons	nous gisions	
vous gisez	vous gisiez	
ils gisent	ils gisaient	

PAST HISTORIC	PERFECT	PLUPERFECT

PAST ANTERIOR	FUTURE PERFECT

IMPERATIVE	CONDITIONAL	
	PRESENT	PAST

	SUBJUNCTIVE	
PRESENT	IMPERFECT	PERFECT

INFINITIVE	PARTICIPLE
PRESENT	PRESENT
gésir	gisant
PAST	PAST

PRESENT
je hais
tu hais
il hait
nous haïssons
vous haïssez
ils haïssent

IMPERFECT
je haïssais
tu haïssais
il haïssait
nous haïssions
vous haïssiez
ils haïssaient

FUTURE
je haïrai
tu haïras
il haïra
nous haïrons
vous haïrez
ils haïront

PAST HISTORIC
je haïs
tu haïs
il haït
nous haïmes
vous haïtes
ils haïrent

PERFECT
j'ai haï
tu as haï
il a haï
nous avons haï
vous avez haï
ils ont haï

PLUPERFECT
j'avais haï
tu avais haï
il avait haï
nous avions haï
vous aviez haï
ils avaient haï

PAST ANTERIOR
j'eus haï etc

FUTURE PERFECT
j'aurai haï etc

IMPERATIVE
hais
haïssons
haïssez

CONDITIONAL

PRESENT
je haïrais
tu haïrais
il haïrait
nous haïrions
vous haïriez
ils haïraient

PAST
j'aurais haï
tu aurais haï
il aurait haï
nous aurions haï
vous auriez haï
ils auraient haï

SUBJUNCTIVE

PRESENT
je haïsse
tu haïsses
il haïsse
nous haïssions
vous haïssiez
ils haïssent

IMPERFECT
je haïsse
tu haïsses
il haït
nous haïssions
vous haïssiez
ils haïssent

PERFECT
j'aie haï
tu aies haï
il ait haï
nous ayons haï
vous ayez haï
ils aient haï

INFINITIVE
PRESENT
haïr
PAST
avoir haï

PARTICIPLE
PRESENT
haïssant
PAST
haï

PRESENT	IMPERFECT	FUTURE
j'hésite	j'hésitais	j'hésiterai
tu hésites	tu hésitais	tu hésiteras
il hésite	il hésitait	il hésitera
nous hésitons	nous hésitions	nous hésiterons
vous hésitez	vous hésitiez	vous hésiterez
ils hésitent	ils hésitaient	ils hésiteront

PAST HISTORIC	PERFECT	PLUPERFECT
j'hésitai	j'ai hésité	j'avais hésité
tu hésitas	tu as hésité	tu avais hésité
il hésita	il a hésité	il avait hésité
nous hésitâmes	nous avons hésité	nous avions hésité
vous hésitâtes	vous avez hésité	vous aviez hésité
ils hésitèrent	ils ont hésité	ils avaient hésité

PAST ANTERIOR	FUTURE PERFECT
j'eus hésité etc	j'aurai hésité etc

IMPERATIVE

CONDITIONAL

IMPERATIVE	PRESENT	PAST
hésite	j'hésiterais	j'aurais hésité
hésitons	tu hésiterais	tu aurais hésité
hésitez	il hésiterait	il aurait hésité
	nous hésiterions	nous aurions hésité
	vous hésiteriez	vous auriez hésité
	ils hésiteraient	ils auraient hésité

SUBJUNCTIVE

PRESENT	IMPERFECT	PERFECT
j'hésite	j'hésitasse	j'aie hésité
tu hésites	tu hésitasses	tu aies hésité
il hésite	il hésitât	il ait hésité
nous hésitions	nous hésitassions	nous ayons hésité
vous hésitiez	vous hésitassiez	vous ayez hésité
ils hésitent	ils hésitassent	ils aient hésité

INFINITIVE	PARTICIPLE
PRESENT	**PRESENT**
hésiter	hésitant
PAST	**PAST**
avoir hésité	hésité

PRESENT	**IMPERFECT**	**FUTURE**
je hurle	je hurlais	je hurlerai
tu hurles	tu hurlais	tu hurleras
il hurle	il hurlait	il hurlera
nous hurlons	nous hurlions	nous hurlerons
vous hurlez	vous hurliez	vous hurlerez
ils hurlent	ils hurlaient	ils hurleront

PAST HISTORIC	**PERFECT**	**PLUPERFECT**
je hurlai	j'ai hurlé	j'avais hurlé
tu hurlas	tu as hurlé	tu avais hurlé
il hurla	il a hurlé	il avait hurlé
nous hurlâmes	nous avons hurlé	nous avions hurlé
vous hurlâtes	vous avez hurlé	vous aviez hurlé
ils hurlèrent	ils ont hurlé	ils avaient hurlé

PAST ANTERIOR	**FUTURE PERFECT**
j'eus hurlé etc	j'aurai hurlé etc

IMPERATIVE	**CONDITIONAL**	
	PRESENT	**PAST**
hurle	je hurlerais	j'aurais hurlé
hurlons	tu hurlerais	tu aurais hurlé
hurlez	il hurlerait	il aurait hurlé
	nous hurlerions	nous aurions hurlé
	vous hurleriez	vous auriez hurlé
	ils hurleraient	ils auraient hurlé

SUBJUNCTIVE

PRESENT	**IMPERFECT**	**PERFECT**
je hurle	je hurlasse	j'aie hurlé
tu hurles	tu hurlasses	tu aies hurlé
il hurle	il hurlât	il ait hurlé
nous hurlions	nous hurlassions	nous ayons hurlé
vous hurliez	vous hurlassiez	vous ayez hurlé
ils hurlent	ils hurlassent	ils aient hurlé

INFINITIVE	**PARTICIPLE**
PRESENT	**PRESENT**
hurler	hurlant
PAST	**PAST**
avoir hurlé	hurlé

INCLURE to include

PRESENT	IMPERFECT	FUTURE
j'inclus	j'incluais	j'inclurai
tu inclus	tu incluais	tu incluras
il inclut	il incluait	il inclura
nous incluons	nous incluions	nous inclurons
vous incluez	vous incluiez	vous inclurez
ils incluent	ils incluaient	ils incluront

PAST HISTORIC	PERFECT	PLUPERFECT
j'inclus	j'ai inclus	j'avais inclus
tu inclus	tu as inclus	tu avais inclus
il inclut	il a inclus	il avait inclus
nous inclûmes	nous avons inclus	nous avions inclus
vous inclûtes	vous avez inclus	vous aviez inclus
ils inclurent	ils ont inclus	ils avaient inclus

PAST ANTERIOR	FUTURE PERFECT
j'eus inclus etc	j'aurai inclus etc

IMPERATIVE	CONDITIONAL	
	PRESENT	PAST
inclus	j'inclurais	j'aurais inclus
incluons	tu inclurais	tu aurais inclus
incluez	il inclurait	il aurait inclus
	nous inclurions	nous aurions inclus
	vous incluriez	vous auriez inclus
	ils incluraient	ils auraient inclus

SUBJUNCTIVE

PRESENT	IMPERFECT	PERFECT
j'inclue	j'inclusse	j'aie inclus
tu inclues	tu inclusses	tu aies inclus
il inclue	il inclût	il ait inclus
nous incluions	nous inclussions	nous ayons inclus
vous incluiez	vous inclussiez	vous ayez inclus
ils incluent	ils inclussent	ils aient inclus

INFINITIVE	PARTICIPLE
PRESENT	**PRESENT**
inclure	incluant
PAST	**PAST**
avoir inclus	inclus

INDIQUER to indicate

PRESENT
j'indique
tu indiques
il indique
nous indiquons
vous indiquez
ils indiquent

IMPERFECT
j'indiquais
tu indiquais
il indiquait
nous indiquions
vous indiquiez
ils indiquaient

FUTURE
j'indiquerai
tu indiqueras
il indiquera
nous indiquerons
vous indiquerez
ils indiqueront

PAST HISTORIC
j'indiquai
tu indiquas
il indiqua
nous indiquâmes
vous indiquâtes
ils indiquèrent

PERFECT
j'ai indiqué
tu as indiqué
il a indiqué
nous avons indiqué
vous avez indiqué
ils ont indiqué

PLUPERFECT
j'avais indiqué
tu avais indiqué
il avait indiqué
nous avions indiqué
vous aviez indiqué
ils avaient indiqué

PAST ANTERIOR
j'eus indiqué etc

FUTURE PERFECT
j'aurai indiqué etc

IMPERATIVE

indique
indiquons
indiquez

CONDITIONAL

PRESENT
j'indiquerais
tu indiquerais
il indiquerait
nous indiquerions
vous indiqueriez
ils indiqueraient

PAST
j'aurais indiqué
tu aurais indiqué
il aurait indiqué
nous aurions indiqué
vous auriez indiqué
ils auraient indiqué

SUBJUNCTIVE

PRESENT
j'indique
tu indiques
il indique
nous indiquions
vous indiquiez
ils indiquent

IMPERFECT
j'indiquasse
tu indiquasses
il indiquât
nous indiquassions
vous indiquassiez
ils indiquassent

PERFECT
j'aie indiqué
tu aies indiqué
il ait indiqué
nous ayons indiqué
vous ayez indiqué
ils aient indiqué

INFINITIVE

PRESENT
indiquer

PAST
avoir indiqué

PARTICIPLE

PRESENT
indiquant

PAST
indiqué

PRESENT	**IMPERFECT**	**FUTURE**
j'intègre	j'intégrais	j'intégrerai
tu intègres	tu intégrais	tu intégreras
il intègre	il intégrait	il intégrera
nous intégrons	nous intégrions	nous intégrerons
vous intégrez	vous intégriez	vous intégrerez
ils intègrent	ils intégraient	ils intégreront

PAST HISTORIC	**PERFECT**	**PLUPERFECT**
j'intégrai	j'ai intégré	j'avais intégré
tu intégras	tu as intégré	tu avais intégré
il intégra	il a intégré	il avait intégré
nous intégrâmes	nous avons intégré	nous avions intégré
vous intégrâtes	vous avez intégré	vous aviez intégré
ils intégrèrent	ils ont intégré	ils avaient intégré

PAST ANTERIOR	**FUTURE PERFECT**
j'eus intégré etc	j'aurai intégré etc

IMPERATIVE	**CONDITIONAL**	
	PRESENT	**PAST**
intègre	j'intégrerais	j'aurais intégré
intégrons	tu intégrerais	tu aurais intégré
intégrez	il intégrerait	il aurait intégré
	nous intégrerions	nous aurions intégré
	vous intégreriez	vous auriez intégré
	ils intégreraient	ils auraient intégré

SUBJUNCTIVE

PRESENT	**IMPERFECT**	**PERFECT**
j'intègre	j'intégrasse	j'aie intégré
tu intègres	tu intégrasses	tu aies intégré
il intègre	il intégrât	il ait intégré
nous intégrions	nous intégrassions	nous ayons intégré
vous intégriez	vous intégrassiez	vous ayez intégré
ils intègrent	ils intégrassent	ils aient intégré

INFINITIVE	**PARTICIPLE**
PRESENT	**PRESENT**
intégrer	intégrant
PAST	**PAST**
avoir intégré	intégré

INTERDIRE to forbid

PRESENT
j'interdis
tu interdis
il interdit
nous interdisons
vous interdisez
ils interdisent

IMPERFECT
j'interdisais
tu interdisais
il interdisait
nous interdisions
vous interdisiez
ils interdisaient

FUTURE
j'interdirai
tu interdiras
il interdira
nous interdirons
vous interdirez
ils interdiront

PAST HISTORIC
j'interdis
tu interdis
il interdites
nous interdîmes
vous interdîtes
ils interdirent

PERFECT
j'ai interdit
tu as interdit
il a interdit
nous avons interdit
vous avez interdit
ils ont interdit

PLUPERFECT
j'avais interdit
tu avais interdit
il avait interdit
nous avions interdit
vous aviez interdit
ils avaient interdit

PAST ANTERIOR
j'eus interdit etc

FUTURE PERFECT
j'aurai interdit etc

IMPERATIVE

interdis
interdisons
interdisez

CONDITIONAL

PRESENT
j'interdirais
tu interdirais
il interdirait
nous interdirions
vous interdiriez
ils interdiraient

PAST
j'aurais interdit
tu aurais interdit
il aurait interdit
nous aurions interdit
vous auriez interdit
ils auraient interdit

SUBJUNCTIVE

PRESENT
j'interdise
tu interdises
il interdise
nous interdisions
vous interdisiez
ils interdisent

IMPERFECT
j'interdisse
tu interdisses
il interdît
nous interdissions
vous interdissiez
ils interdissent

PERFECT
j'aie interdit
tu aies interdit
il ait interdit
nous ayons interdit
vous ayez interdit
ils aient interdit

INFINITIVE

PRESENT
interdire

PAST
avoir interdit

PARTICIPLE

PRESENT
interdisant

PAST
interdit

INTERPELLER to call out to

PRESENT
j'interpelle
tu interpelles
il interpelle
nous interpellons
vous interpellez
ils interpellent

PAST HISTORIC
j'interpellai
tu interpellas
il interpella
nous interpellâmes
vous interpellâtes
ils interpellèrent

PAST ANTERIOR
j'eus interpellé etc

IMPERFECT
j'interpellais
tu interpellais
il interpellait
nous interpellions
vous interpelliez
ils interpellaient

PERFECT
j'ai interpellé
tu as interpellé
il a interpellé
nous avons interpellé
vous avez interpellé
ils ont interpellé

FUTURE PERFECT
j'aurai interpellé etc

FUTURE
j'interpellerai
tu interpelleras
il interpellera
nous interpellerons
vous interpellerez
ils interpelleront

PLUPERFECT
j'avais interpellé
tu avais interpellé
il avait interpellé
nous avions interpellé
vous aviez interpellé
ils avaient interpellé

IMPERATIVE

interpelle
interpellons
interpellez

CONDITIONAL

PRESENT
j'interpellerais
tu interpellerais
il interpellerait
nous interpellerions
vous interpelleriez
ils interpelleraient

PAST
j'aurais interpellé
tu aurais interpellé
il aurait interpellé
nous aurions interpellé
vous auriez interpellé
ils auraient interpellé

SUBJUNCTIVE

PRESENT
j'interpelle
tu interpelles
il interpelle
nous interpellions
vous interpelliez
ils interpellent

IMPERFECT
j'interpellasse
tu interpellasses
il interpellât
nous interpellassions
vous interpellassiez
ils interpellassent

PERFECT
j'aie interpellé
tu aies interpellé
il ait interpellé
nous ayons interpellé
vous ayez interpellé
ils aient interpellé

INFINITIVE
PRESENT
interpeller

PAST
avoir interpellé

PARTICIPLE
PRESENT
interpellant

PAST
interpellé

PRESENT

j'introduis
tu introduis
il introduit
nous introduisons
vous introduisez
ils introduisent

IMPERFECT

j'introduisais
tu introduisais
il introduisait
nous introduisions
vous introduisiez
ils introduisaient

FUTURE

j'introduirai
tu introduiras
il introduira
nous introduirons
vous introduirez
ils introduiront

PAST HISTORIC

j'introduisis
tu introduisis
il introduisit
nous introduisîmes
vous introduisîtes
ils introduisirent

PERFECT

j'ai introduit
tu as introduit
il a introduit
nous avons introduit
vous avez introduit
ils ont introduit

PLUPERFECT

j'avais introduit
tu avais introduit
il avait introduit
nous avions introduit
vous aviez introduit
ils avaient introduit

PAST ANTERIOR

j'eus introduit etc

FUTURE PERFECT

j'aurai introduit etc

IMPERATIVE

introduis
introduisons
introduisez

CONDITIONAL

PRESENT

j'introduirais
tu introduirais
il introduirait
nous introduirions
vous introduiriez
ils introduiraient

PAST

j'aurais introduit
tu aurais introduit
il aurait introduit
nous aurions introduit
vous auriez introduit
ils auraient introduit

SUBJUNCTIVE

PRESENT

j'introduise
tu introduises
il introduise
nous introduisions
vous introduisiez
ils introduisent

IMPERFECT

j'introduisisse
tu introduisisses
il introduisît
nous introduisissions
vous introduisissiez
ils introduisissent

PERFECT

j'aie introduit
tu aies introduit
il ait introduit
nous ayons introduit
vous ayez introduit
ils aient introduit

INFINITIVE

PRESENT

introduire

PAST

avoir introduit

PARTICIPLE

PRESENT

introduisant

PAST

introduit

PRESENT	IMPERFECT	FUTURE
je jette	je jetais	je jetterai
tu jettes	tu jetais	tu jetteras
il jette	il jetait	il jettera
nous jetons	nous jetions	nous jetterons
vous jetez	vous jetiez	vous jetterez
ils jettent	ils jetaient	ils jetteront

PAST HISTORIC	PERFECT	PLUPERFECT
je jetai	j'ai jeté	j'avais jeté
tu jetas	tu as jeté	tu avais jeté
il jeta	il a jeté	il avait jeté
nous jetâmes	nous avons jeté	nous avions jeté
vous jetâtes	vous avez jeté	vous aviez jeté
ils jetèrent	ils ont jeté	ils avaient jeté

PAST ANTERIOR	FUTURE PERFECT
j'eus jeté etc	j'aurai jeté etc

IMPERATIVE	CONDITIONAL	
	PRESENT	PAST
jette	je jetterais	j'aurais jeté
jetons	tu jetterais	tu aurais jeté
jetez	il jetterait	il aurait jeté
	nous jetterions	nous aurions jeté
	vous jetteriez	vous auriez jeté
	ils jetteraient	ils auraient jeté

SUBJUNCTIVE

PRESENT	IMPERFECT	PERFECT
je jette	je jetasse	j'aie jeté
tu jettes	tu jetasses	tu aies jeté
il jette	il jetât	il ait jeté
nous jetions	nous jetassions	nous ayons jeté
vous jetiez	vous jetassiez	vous ayez jeté
ils jettent	ils jetassent	ils aient jeté

INFINITIVE	PARTICIPLE
PRESENT	PRESENT
jeter	jetant
PAST	PAST
avoir jeté	jeté

PRESENT	**IMPERFECT**	**FUTURE**
je joins	je joignais	je joindrai
tu joins	tu joignais	tu joindras
il joint	il joignait	il joindra
nous joignons	nous joignions	nous joindrons
vous joignez	vous joigniez	vous joindrez
ils joignent	ils joignaient	ils joindront

PAST HISTORIC	**PERFECT**	**PLUPERFECT**
je joignis	j'ai joint	j'avais joint
tu joignis	tu as joint	tu avais joint
il joignit	il a joint	il avait joint
nous joignîmes	nous avons joint	nous avions joint
vous joignîtes	vous avez joint	vous aviez joint
ils joignirent	ils ont joint	ils avaient joint

PAST ANTERIOR	**FUTURE PERFECT**
j'eus joint etc	j'aurai joint etc

IMPERATIVE	**CONDITIONAL**	
	PRESENT	**PAST**
joins	je joindrais	j'aurais joint
joignons	tu joindrais	tu aurais joint
joignez	il joindrait	il aurait joint
	nous joindrions	nous aurions joint
	vous joindriez	vous auriez joint
	ils joindraient	ils auraient joint

SUBJUNCTIVE

PRESENT	**IMPERFECT**	**PERFECT**
je joigne	je joignisse	j'aie joint
tu joignes	tu joignisses	tu aies joint
il joigne	il joignît	il ait joint
nous joignions	nous joignissions	nous ayons joint
vous joigniez	vous joignissiez	vous ayez joint
ils joignent	ils joignissent	ils aient joint

INFINITIVE	**PARTICIPLE**	**NOTE**
PRESENT	**PRESENT**	only the infinitive and the
		past participle of the verb
joindre	joignant	**oindre** are used
PAST	**PAST**	
avoir joint	joint	

JOUER to play

PRESENT	IMPERFECT	FUTURE
je joue	je jouais	je jouerai
tu joues	tu jouais	tu joueras
il joue	il jouait	il jouera
nous jouons	nous jouions	nous jouerons
vous jouez	vous jouiez	vous jouerez
ils jouent	ils jouaient	ils joueront

PAST HISTORIC	PERFECT	PLUPERFECT
je jouai	j'ai joué	j'avais joué
tu jouas	tu as joué	tu avais joué
il joua	il a joué	il avait joué
nous jouâmes	nous avons joué	nous avions joué
vous jouâtes	vous avez joué	vous aviez joué
ils jouèrent	ils ont joué	ils avaient joué

PAST ANTERIOR	FUTURE PERFECT
j'eus joué etc	j'aurai joué etc

IMPERATIVE	CONDITIONAL	
	PRESENT	PAST
joue	je jouerais	j'aurais joué
jouons	tu jouerais	tu aurais joué
jouez	il jouerait	il aurait joué
	nous jouerions	nous aurions joué
	vous joueriez	vous auriez joué
	ils joueraient	ils auraient joué

SUBJUNCTIVE

PRESENT	IMPERFECT	PERFECT
je joue	je jouasse	j'aie joué
tu joues	tu jouasses	tu aies joué
il joue	il jouât	il ait joué
nous jouions	nous jouassions	nous ayons joué
vous jouiez	vous jouassiez	vous ayez joué
ils jouent	ils jouassent	ils aient joué

INFINITIVE	PARTICIPLE
PRESENT	**PRESENT**
jouer	jouant
PAST	**PAST**
avoir joué	joué

JUGER to judge

PRESENT	IMPERFECT	FUTURE
je juge	je jugeais	je jugerai
tu juges	tu jugeais	tu jugeras
il juge	il jugeait	il jugera
nous jugeons	nous jugions	nous jugerons
vous jugez	vous jugiez	vous jugerez
ils jugent	ils jugeaient	ils jugeront

PAST HISTORIC	PERFECT	PLUPERFECT
je jugeai	j'ai jugé	j'avais jugé
tu jugeas	tu as jugé	tu avais jugé
il jugea	il a jugé	il avait jugé
nous jugeâmes	nous avons jugé	nous avions jugé
vous jugeâtes	vous avez jugé	vous aviez jugé
ils jugèrent	ils ont jugé	ils avaient jugé

PAST ANTERIOR	FUTURE PERFECT
j'eus jugé etc	j'aurai jugé etc

IMPERATIVE	CONDITIONAL	
	PRESENT	PAST
juge	je jugerais	j'aurais jugé
jugeons	tu jugerais	tu aurais jugé
jugez	il jugerait	il aurait jugé
	nous jugerions	nous aurions jugé
	vous jugeriez	vous auriez jugé
	ils jugeraient	ils auraient jugé

SUBJUNCTIVE

PRESENT	IMPERFECT	PERFECT
je juge	je jugeasse	j'aie jugé
tu juges	tu jugeasses	tu aies jugé
il juge	il jugeât	il ait jugé
nous jugions	nous jugeassions	nous ayons jugé
vous jugiez	vous jugeassiez	vous ayez jugé
ils jugent	ils jugeassent	ils aient jugé

INFINITIVE	PARTICIPLE
PRESENT	PRESENT
juger	jugeant
PAST	PAST
avoir jugé	jugé

LANCER to throw

PRESENT	IMPERFECT	FUTURE
je lance	je lançais	je lancerai
tu lances	tu lançais	tu lanceras
il lance	il lançait	il lancera
nous lançons	nous lancions	nous lancerons
vous lancez	vous lanciez	vous lancerez
ils lancent	ils lançaient	ils lanceront

PAST HISTORIC	PERFECT	PLUPERFECT
je lançai	j'ai lancé	j'avais lancé
tu lanças	tu as lancé	tu avais lancé
il lança	il a lancé	il avait lancé
nous lançâmes	nous avons lancé	nous avions lancé
vous lançâtes	vous avez lancé	vous aviez lancé
ils lancèrent	ils ont lancé	ils avaient lancé

PAST ANTERIOR	FUTURE PERFECT
j'eus lancé etc	j'aurai lancé etc

IMPERATIVE

CONDITIONAL

	PRESENT	PAST
lance	je lancerais	j'aurais lancé
lançons	tu lancerais	tu aurais lancé
lancez	il lancerait	il aurait lancé
	nous lancerions	nous aurions lancé
	vous lanceriez	vous auriez lancé
	ils lanceraient	ils auraient lancé

SUBJUNCTIVE

PRESENT	IMPERFECT	PERFECT
je lance	je lançasse	j'aie lancé
tu lances	tu lançasses	tu aies lancé
il lance	il lançât	il ait lancé
nous lancions	nous lançassions	nous ayons lancé
vous lanciez	vous lançassiez	vous ayez lancé
ils lancent	ils lançassent	ils aient lancé

INFINITIVE	PARTICIPLE
PRESENT	PRESENT
lancer	lançant
PAST	PAST
avoir lancé	lancé

LÉGUER to bequeath

PRESENT	IMPERFECT	FUTURE
je lègue	je léguais	je léguerai
tu lègues	tu léguais	tu légueras
il lègue	il léguait	il léguera
nous léguons	nous léguions	nous léguerons
vous léguez	vous léguiez	vous léguerez
ils lèguent	ils léguaient	ils légueront

PAST HISTORIC	PERFECT	PLUPERFECT
je léguai	j'ai légué	j'avais légué
tu léguas	tu as légué	tu avais légué
il légua	il a légué	il avait légué
nous léguâmes	nous avons légué	nous avions légué
vous léguâtes	vous avez légué	vous aviez légué
ils léguèrent	ils ont légué	ils avaient légué

PAST ANTERIOR	FUTURE PERFECT
j'eus légué etc	j'aurai légué etc

IMPERATIVE	CONDITIONAL	
	PRESENT	PAST
lègue	je léguerais	j'aurais légué
léguons	tu léguerais	tu aurais légué
léguez	il léguerait	il aurait légué
	nous léguerions	nous aurions légué
	vous légueriez	vous auriez légué
	ils légueraient	ils auraient légué

SUBJUNCTIVE

PRESENT	IMPERFECT	PERFECT
je lègue	je léguasse	j'aie légué
tu lègues	tu léguasses	tu aies légué
il lègue	il léguât	il ait légué
nous léguions	nous léguassions	nous ayons légué
vous léguiez	vous léguassiez	vous ayez légué
ils lèguent	ils léguassent	ils aient légué

INFINITIVE	PARTICIPLE
PRESENT	PRESENT
léguer	léguant
PAST	PAST
avoir légué	légué

PRESENT

je lèse
tu lèses
il lèse
nous lésons
vous lésez
ils lèsent

IMPERFECT

je lésais
tu lésais
il lésait
nous lésions
vous lésiez
ils lésaient

FUTURE

je léserai
tu léseras
il lésera
nous léserons
vous léserez
ils léseront

PAST HISTORIC

je lésai
tu lésas
il lésa
nous lésâmes
vous lésâtes
ils lésèrent

PERFECT

j'ai lésé
tu as lésé
il a lésé
nous avons lésé
vous avez lésé
ils ont lésé

PLUPERFECT

j'avais lésé
tu avais lésé
il avait lésé
nous avions lésé
vous aviez lésé
ils avaient lésé

PAST ANTERIOR

j'eus lésé etc

FUTURE PERFECT

j'aurai lésé etc

IMPERATIVE

lèse
lésons
lésez

CONDITIONAL

PRESENT

je léserais
tu léserais
il léserait
nous léserions
vous léseriez
ils léseraient

PAST

j'aurais lésé
tu aurais lésé
il aurait lésé
nous aurions lésé
vous auriez lésé
ils auraient lésé

SUBJUNCTIVE

PRESENT

je lèse
tu lèses
il lèse
nous lésions
vous lésiez
ils lèsent

IMPERFECT

je lésasse
tu lésasses
il lésât
nous lésassions
vous lésassiez
ils lésassent

PERFECT

j'aie lésé
tu aies lésé
il ait lésé
nous ayons lésé
vous ayez lésé
ils aient lésé

INFINITIVE

PRESENT

léser

PAST

avoir lésé

PARTICIPLE

PRESENT

lésant

PAST

lésé

PRESENT	**IMPERFECT**	**FUTURE**
je lis	je lisais	je lirai
tu lis	tu lisais	tu liras
il lit	il lisait	il lira
nous lisons	nous lisions	nous lirons
vous lisez	vous lisiez	vous lirez
ils lisent	ils lisaient	ils liront

PAST HISTORIC	**PERFECT**	**PLUPERFECT**
je lus	j'ai lu	j'avais lu
tu lus	tu as lu	tu avais lu
il lut	il a lu	il avait lu
nous lûmes	nous avons lu	nous avions lu
vous lûtes	vous avez lu	vous aviez lu
ils lurent	ils ont lu	ils avaient lu

PAST ANTERIOR	**FUTURE PERFECT**
j'eus lu etc	j'aurai lu etc

IMPERATIVE	**CONDITIONAL**	
	PRESENT	**PAST**
lis	je lirais	j'aurais lu
lisons	tu lirais	tu aurais lu
lisez	il lirait	il aurait lu
	nous lirions	nous aurions lu
	vous liriez	vous auriez lu
	ils liraient	ils auraient lu

SUBJUNCTIVE

PRESENT	**IMPERFECT**	**PERFECT**
je lise	je lusse	j'aie lu
tu lises	tu lusses	tu aies lu
il lise	il lût	il ait lu
nous lisions	nous lussions	nous ayons lu
vous lisiez	vous lussiez	vous ayez lu
ils lisent	ils lussent	ils aient lu

INFINITIVE	**PARTICIPLE**
PRESENT	**PRESENT**
lire	lisant
PAST	**PAST**
avoir lu	lu

PRESENT	**IMPERFECT**	**FUTURE**
je mange	je mangeais	je mangerai
tu manges	tu mangeais	tu mangeras
il mange	il mangeait	il mangera
nous mangeons	nous mangions	nous mangerons
vous mangez	vous mangiez	vous mangerez
ils mangent	ils mangeaient	ils mangeront

PAST HISTORIC	**PERFECT**	**PLUPERFECT**
je mangeai	j'ai mangé	j'avais mangé
tu mangeas	tu as mangé	tu avais mangé
il mangea	il a mangé	il avait mangé
nous mangeâmes	nous avons mangé	nous avions mangé
vous mangeâtes	vous avez mangé	vous aviez mangé
ils mangèrent	ils ont mangé	ils avaient mangé

PAST ANTERIOR	**FUTURE PERFECT**
j'eus mangé etc	j'aurai mangé etc

IMPERATIVE	**CONDITIONAL**	
	PRESENT	**PAST**
mange	je mangerais	j'aurais mangé
mangeons	tu mangerais	tu aurais mangé
mangez	il mangerait	il aurait mangé
	nous mangerions	nous aurions mangé
	vous mangeriez	vous auriez mangé
	ils mangeraient	ils auraient mangé

	SUBJUNCTIVE	
PRESENT	**IMPERFECT**	**PERFECT**
je mange	je mangeasse	j'aie mangé
tu manges	tu mangeasses	tu aies mangé
il mange	il mangeât	il ait mangé
nous mangions	nous mangeassions	nous ayons mangé
vous mangiez	vous mangeassiez	vous ayez mangé
ils mangent	ils mangeassent	ils aient mangé

INFINITIVE	**PARTICIPLE**
PRESENT	**PRESENT**
manger	mangeant
PAST	**PAST**
avoir mangé	mangé

MAUDIRE to curse

PRESENT	**IMPERFECT**	**FUTURE**
je maudis	je maudissais	je maudirai
tu maudis	tu maudissais	tu maudiras
il maudit	il maudissait	il maudira
nous maudissons	nous maudissions	nous maudirons
vous maudissez	vous maudissiez	vous maudirez
ils maudissent	ils maudissaient	ils maudiront

PAST HISTORIC	**PERFECT**	**PLUPERFECT**
je maudis	j'ai maudit	j'avais maudit
tu maudis	tu as maudit	tu avais maudit
il maudit	il a maudit	il avait maudit
nous maudîmes	nous avons maudit	nous avions maudit
vous maudîtes	vous avez maudit	vous aviez maudit
ils maudirent	ils ont maudit	ils avaient maudit

PAST ANTERIOR	**FUTURE PERFECT**
j'eus maudit etc	j'aurai maudit etc

IMPERATIVE	**CONDITIONAL**	
	PRESENT	**PAST**
maudis	je maudirais	j'aurais maudit
maudissons	tu maudirais	tu aurais maudit
maudissez	il maudirait	il aurait maudit
	nous maudirions	nous aurions maudit
	vous maudiriez	vous auriez maudit
	ils maudiraient	ils auraient maudit

SUBJUNCTIVE

PRESENT	**IMPERFECT**	**PERFECT**
je maudisse	je maudisse	j'aie maudit
tu maudisses	tu maudisses	tu aies maudit
il maudisse	il maudît	il ait maudit
nous maudissions	nous maudissions	nous ayons maudit
vous maudissiez	vous maudissiez	vous ayez maudit
ils maudissent	ils maudissent	ils aient maudit

INFINITIVE	**PARTICIPLE**
PRESENT	**PRESENT**
maudire	maudissant
PAST	**PAST**
avoir maudit	maudit

PRESENT	IMPERFECT	FUTURE
je me méfie	je me méfiais	je me méfierai
tu te méfies	tu te méfiais	tu te méfieras
il se méfie	il se méfiait	il se méfiera
nous nous méfions	nous nous méfiions	nous nous méfierons
vous vous méfiez	vous vous méfiiez	vous vous méfierez
ils se méfient	ils se méfiaient	ils se méfieront

PAST HISTORIC	PERFECT	PLUPERFECT
je me méfiai	je me suis méfié	je m'étais méfié
tu te méfias	tu t'es méfié	tu t'étais méfié
il se méfia	il s'est méfié	il s'était méfié
nous nous méfiâmes	nous ns. sommes méfiés	nous ns. étions méfiés
vous vous méfiâtes	vous vs. êtes méfié(s)	vous vs. étiez méfié(s)
ils se méfièrent	ils se sont méfiés	ils s'étaient méfiés

PAST ANTERIOR	FUTURE PERFECT
je me fus méfié etc	je me serai méfié etc

IMPERATIVE	CONDITIONAL	
	PRESENT	PAST
méfie-toi	je me méfierais	je me serais méfié
méfions-nous	tu te méfierais	tu te serais méfié
méfiez-vous	il se méfierait	il se serait méfié
	nous nous méfierions	nous ns. serions méfiés
	vous vous méfieriez	vous vs. seriez méfié(s)
	ils se méfieraient	ils se seraient méfiés

	SUBJUNCTIVE	
PRESENT	IMPERFECT	PERFECT
je me méfie	je me méfiasse	je me sois méfié
tu te méfies	tu te méfiasses	tu te sois méfié
il se méfie	il se méfiât	il se soit méfié
nous nous méfiions	nous nous méfiassions	nous ns. soyons méfiés
vous vous méfiiez	vous vous méfiassiez	vous vs. soyez méfié(s)
ils se méfient	ils se méfiassent	ils se soient méfiés

INFINITIVE	PARTICIPLE
PRESENT	PRESENT
se méfier	se méfiant
PAST	PAST
s'être méfié	méfié

PRESENT	IMPERFECT	FUTURE
je mène	je menais	je mènerai
tu mènes	tu menais	tu mèneras
il mène	il menait	il mènera
nous menons	nous menions	nous mènerons
vous menez	vous meniez	vous mènerez
ils mènent	ils menaient	ils mèneront

PAST HISTORIC	PERFECT	PLUPERFECT
je menai	j'ai mené	j'avais mené
tu menas	tu as mené	tu avais mené
il mena	il a mené	il avait mené
nous menâmes	nous avons mené	nous avions mené
vous menâtes	vous avez mené	vous aviez mené
ils menèrent	ils ont mené	ils avaient mené

PAST ANTERIOR	FUTURE PERFECT
j'eus mené etc	j'aurai mené etc

IMPERATIVE	CONDITIONAL	
	PRESENT	PAST
mène	je mènerais	j'aurais mené
menons	tu mènerais	tu aurais mené
menez	il mènerait	il aurait mené
	nous mènerions	nous aurions mené
	vous mèneriez	vous auriez mené
	ils mèneraient	ils auraient mené

SUBJUNCTIVE

PRESENT	IMPERFECT	PERFECT
je mène	je menasse	j'aie mené
tu mènes	tu menasses	tu aies mené
il mène	il menât	il ait mené
nous menions	nous menassions	nous ayons mené
vous meniez	vous menassiez	vous ayez mené
ils mènent	ils menassent	ils aient mené

INFINITIVE	PARTICIPLE
PRESENT	PRESENT
mener	menant
PAST	PAST
avoir mené	mené

PRESENT

je mens
tu mens
il ment
nous mentons
vous mentez
ils mentent

IMPERFECT

je mentais
tu mentais
il mentait
nous mentions
vous mentiez
ils mentaient

FUTURE

je mentirai
tu mentiras
il mentira
nous mentirons
vous mentirez
ils mentiront

PAST HISTORIC

je mentis
tu mentis
il mentit
nous mentîmes
vous mentîtes
ils mentirent

PERFECT

j'ai menti
tu as menti
il a menti
nous avons menti
vous avez menti
ils ont menti

PLUPERFECT

j'avais menti
tu avais menti
il avait menti
nous avions menti
vous aviez menti
ils avaient menti

PAST ANTERIOR

j'eus menti etc

FUTURE PERFECT

j'aurai menti etc

IMPERATIVE

mens
mentons
mentez

CONDITIONAL

PRESENT

je mentirais
tu mentirais
il mentirait
nous mentirions
vous mentiriez
ils mentiraient

PAST

j'aurais menti
tu aurais menti
il aurait menti
nous aurions menti
vous auriez menti
ils auraient menti

SUBJUNCTIVE

PRESENT

je mente
tu mentes
il mente
nous mentions
vous mentiez
ils mentent

IMPERFECT

je mentisse
tu mentisses
il mentît
nous mentissions
vous mentissiez
ils mentissent

PERFECT

j'aie menti
tu aies menti
il ait menti
nous ayons menti
vous ayez menti
ils aient menti

INFINITIVE

PRESENT

mentir

PAST

avoir menti

PARTICIPLE

PRESENT

mentant

PAST

menti

PRESENT	**IMPERFECT**	**FUTURE**
je mets	je mettais	je mettrai
tu mets	tu mettais	tu mettras
il met	il mettait	il mettra
nous mettons	nous mettions	nous mettrons
vous mettez	vous mettiez	vous mettrez
ils mettent	ils mettaient	ils mettront

PAST HISTORIC	**PERFECT**	**PLUPERFECT**
je mis	j'ai mis	j'avais mis
tu mis	tu as mis	tu avais mis
il mit	il a mis	il avait mis
nous mîmes	nous avons mis	nous avions mis
vous mîtes	vous avez mis	vous aviez mis
ils mirent	ils ont mis	ils avaient mis

PAST ANTERIOR	**FUTURE PERFECT**
j'eus mis etc	j'aurai mis etc

IMPERATIVE	**CONDITIONAL**	
	PRESENT	**PAST**
mets	je mettrais	j'aurais mis
mettons	tu mettrais	tu aurais mis
mettez	il mettrait	il aurait mis
	nous mettrions	nous aurions mis
	vous mettriez	vous auriez mis
	ils mettraient	ils auraient mis

SUBJUNCTIVE

PRESENT	**IMPERFECT**	**PERFECT**
je mette	je misse	j'aie mis
tu mettes	tu misses	tu aies mis
il mette	il mît	il ait mis
nous mettions	nous missions	nous ayons mis
vous mettiez	vous missiez	vous ayez mis
ils mettent	ils missent	ils aient mis

INFINITIVE	**PARTICIPLE**
PRESENT	**PRESENT**
mettre	mettant
PAST	**PAST**
avoir mis	mis

PRESENT

je monte
tu montes
il monte
nous montons
vous montez
ils montent

IMPERFECT

je montais
tu montais
il montait
nous montions
vous montiez
ils montaient

FUTURE

je monterai
tu monteras
il montera
nous monterons
vous monterez
ils monteront

PAST HISTORIC

je montai
tu montas
il monta
nous montâmes
vous montâtes
ils montèrent

PERFECT

je suis monté
tu es monté
il est monté
nous sommes montés
vous êtes monté(s)
ils sont montés

PLUPERFECT

j'étais monté
tu étais monté
il était monté
nous étions montés
vous étiez monté(s)
ils étaient montés

PAST ANTERIOR

je fus monté etc

FUTURE PERFECT

je serai monté etc

IMPERATIVE

monte
montons
montez

CONDITIONAL

PRESENT

je monterais
tu monterais
il monterait
nous monterions
vous monteriez
ils monteraient

PAST

je serais monté
tu serais monté
il serait monté
nous serions montés
vous seriez monté(s)
ils seraient montés

SUBJUNCTIVE

PRESENT

je monte
tu montes
il monte
nous montions
vous montiez
ils montent

IMPERFECT

je montasse
tu montasses
il montât
nous montassions
vous montassiez
ils montassent

PERFECT

je sois monté
tu sois monté
il soit monté
nous soyons montés
vous soyez monté(s)
ils soient montés

INFINITIVE

PRESENT

monter

PAST

être monté

PARTICIPLE

PRESENT

montant

PAST

monté

NOTE

monter takes the auxiliary 'avoir' when transitive

MORDRE to bite

PRESENT	IMPERFECT	FUTURE
je mords	je mordais	je mordrai
tu mords	tu mordais	tu mordras
il mord	il mordait	il mordra
nous mordons	nous mordions	nous mordrons
vous mordez	vous mordiez	vous mordrez
ils mordent	ils mordaient	ils mordront

PAST HISTORIC	PERFECT	PLUPERFECT
je mordis	j'ai mordu	j'avais mordu
tu mordis	tu as mordu	tu avais mordu
il mordit	il a mordu	il avait mordu
nous mordîmes	nous avons mordu	nous avions mordu
vous mordîtes	vous avez mordu	vous aviez mordu
ils mordirent	ils ont mordu	ils avaient mordu

PAST ANTERIOR	FUTURE PERFECT
j'eus mordu etc	j'aurai mordu etc

IMPERATIVE	CONDITIONAL	
	PRESENT	PAST
mords	je mordrais	j'aurais mordu
mordons	tu mordrais	tu aurais mordu
mordez	il mordrait	il aurait mordu
	nous mordrions	nous aurions mordu
	vous mordriez	vous auriez mordu
	ils mordraient	ils auraient mordu

SUBJUNCTIVE

PRESENT	IMPERFECT	PERFECT
je morde	je mordisse	j'aie mordu
tu mordes	tu mordisses	tu aies mordu
il morde	il mordît	il ait mordu
nous mordions	nous mordissions	nous ayons mordu
vous mordiez	vous mordissiez	vous ayez mordu
ils mordent	ils mordissent	ils aient mordu

INFINITIVE	PARTICIPLE
PRESENT	PRESENT
mordre	mordant
PAST	PAST
avoir mordu	mordu

PRESENT

je mouds
tu mouds
il moud
nous moulons
vous moulez
ils moulent

IMPERFECT

je moulais
tu moulais
il moulait
nous moulions
vous mouliez
ils moulaient

FUTURE

je moudrai
tu moudras
il moudra
nous moudrons
vous moudrez
ils moudront

PAST HISTORIC

je moulus
tu moulus
il moulut
nous moulûmes
vous moulûtes
ils moulurent

PERFECT

j'ai moulu
tu as moulu
il a moulu
nous avons moulu
vous avez moulu
ils ont moulu

PLUPERFECT

j'avais moulu
tu avais moulu
il avait moulu
nous avions moulu
vous aviez moulu
ils avaient moulu

PAST ANTERIOR

j'eus moulu etc

FUTURE PERFECT

j'aurai moulu etc

IMPERATIVE

mouds
moulons
moulez

CONDITIONAL

PRESENT

je moudrais
tu moudrais
il moudrait
nous moudrions
vous moudriez
ils moudraient

PAST

j'aurais moulu
tu aurais moulu
il aurait moulu
nous aurions moulu
vous auriez moulu
ils auraient moulu

SUBJUNCTIVE

PRESENT

je moule
tu moules
il moule
nous moulions
vous mouliez
ils moulent

IMPERFECT

je moulusse
tu moulusses
il moulût
nous moulussions
vous moulussiez
ils moulussent

PERFECT

j'aie moulu
tu aies moulu
il ait moulu
nous ayons moulu
vous ayez moulu
ils aient moulu

INFINITIVE

PRESENT

moudre

PAST

avoir moulu

PARTICIPLE

PRESENT

moulant

PAST

moulu

PRESENT
je meurs
tu meurs
il meurt
nous mourons
vous mourez
ils meurent

IMPERFECT
je mourais
tu mourais
il mourait
nous mourions
vous mouriez
ils mouraient

FUTURE
je mourrai
tu mourras
il mourra
nous mourrons
vous mourrez
ils mourront

PAST HISTORIC
je mourus
tu mourus
il mourut
nous mourûmes
vous mourûtes
ils moururent

PERFECT
je suis mort
tu es mort
il est mort
nous sommes morts
vous êtes mort(s)
ils sont morts

PLUPERFECT
j'étais mort
tu étais mort
il était mort
nous étions morts
vous étiez mort(s)
ils étaient morts

PAST ANTERIOR
je fus mort etc

FUTURE PERFECT
je serai mort etc

IMPERATIVE

meurs
mourons
mourez

CONDITIONAL

PRESENT
je mourrais
tu mourrais
il mourrait
nous mourrions
vous mourriez
ils mourraient

PAST
je serais mort
tu serais mort
il serait mort
nous serions morts
vous seriez mort(s)
ils seraient morts

SUBJUNCTIVE

PRESENT
je meure
tu meures
il meure
nous mourions
vous mouriez
ils meurent

IMPERFECT
je mourusse
tu mourusses
il mourût
nous mourussions
vous mourussiez
ils mourussent

PERFECT
je sois mort
tu sois mort
il soit mort
nous soyons morts
vous soyez mort(s)
ils soient morts

INFINITIVE
PRESENT
mourir
PAST
être mort

PARTICIPLE
PRESENT
mourant
PAST
mort

MOUVOIR to move

PRESENT
je meus
tu meus
il meut
nous mouvons
vous mouvez
ils meuvent

IMPERFECT
je mouvais
tu mouvais
il mouvait
nous mouvions
vous mouviez
ils mouvaient

FUTURE
je mouvrai
tu mouvras
il mouvra
nous mouvrons
vous mouvrez
ils mouvront

PAST HISTORIC
je mus
tu mus
il mut
nous mûmes
vous mûtes
ils murent

PERFECT
j'ai mû
tu as mû
il a mû
nous avons mû
vous avez mû
ils ont mû

PLUPERFECT
j'avais mû
tu avais mû
il avait mû
nous avions mû
vous aviez mû
ils avaient mû

PAST ANTERIOR
j'eus mû etc

FUTURE PERFECT
j'aurai mû etc

IMPERATIVE

meus
mouvons
mouvez

CONDITIONAL

PRESENT
je mouvrais
tu mouvrais
il mouvrait
nous mouvrions
vous mouvriez
ils mouvraient

PAST
j'aurais mû
tu aurais mû
il aurait mû
nous aurions mû
vous auriez mû
ils auraient mû

SUBJUNCTIVE

PRESENT
je meuve
tu meuves
il meuve
nous mouvions
vous mouviez
ils meuvent

IMPERFECT
je musse
tu musses
il mût
nous mussions
vous mussiez
ils mussent

PERFECT
j'aie mû
tu aies mû
il ait mû
nous ayons mû
vous ayez mû
ils aient mû

INFINITIVE

PRESENT
mouvoir

PAST
avoir mû

PARTICIPLE

PRESENT
mouvant

PAST
mû (mue, mus)

NAÎTRE to be born

PRESENT	IMPERFECT	FUTURE
je nais	je naissais	je naîtrai
tu nais	tu naissais	tu naîtras
il naît	il naissait	il naîtra
nous naissons	nous naissions	nous naîtrons
vous naissez	vous naissiez	vous naîtrez
ils naissent	ils naissaient	ils naîtront

PAST HISTORIC	PERFECT	PLUPERFECT
je naquis	je suis né	j'étais né
tu naquis	tu es né	tu étais né
il naquit	il est né	il était né
nous naquîmes	nous sommes nés	nous étions nés
vous naquîtes	vous êtes né(s)	vous étiez né(s)
ils naquirent	ils sont nés	ils étaient nés

PAST ANTERIOR	FUTURE PERFECT
je fus né etc	je serai né etc

IMPERATIVE	CONDITIONAL	
	PRESENT	PAST
nais	je naîtrais	je serais né
naissons	tu naîtrais	tu serais né
naissez	il naîtrait	il serait né
	nous naîtrions	nous serions nés
	vous naîtriez	vous seriez né(s)
	ils naîtraient	ils seraient nés

SUBJUNCTIVE

PRESENT	IMPERFECT	PERFECT
je naisse	je naquisse	je sois né
tu naisses	tu naquisses	tu sois né
il naisse	il naquît	il soit né
nous naissions	nous naquissions	nous soyons nés
vous naissiez	vous naquissiez	vous soyez né(s)
ils naissent	ils naquissent	ils soient nés

INFINITIVE	PARTICIPLE
PRESENT	PRESENT
naître	naissant
PAST	PAST
être né	né

NARGUER to taunt

PRESENT	IMPERFECT	FUTURE
je nargue	je narguais	je narguerai
tu nargues	tu narguais	tu nargueras
il nargue	il narguait	il narguera
nous narguons	nous narguions	nous narguerons
vous narguez	vous narguiez	vous narguerez
ils narguent	ils narguaient	ils nargueront

PAST HISTORIC	PERFECT	PLUPERFECT
je narguai	j'ai nargué	j'avais nargué
tu narguas	tu as nargué	tu avais nargué
il nargua	il a nargué	il avait nargué
nous narguâmes	nous avons nargué	nous avions nargué
vous narguâtes	vous avez nargué	vous aviez nargué
ils narguèrent	ils ont nargué	ils avaient nargué

PAST ANTERIOR	FUTURE PERFECT
j'eus nargué etc	j'aurai nargué etc

IMPERATIVE	CONDITIONAL	
	PRESENT	PAST
nargue	je narguerais	j'aurais nargué
narguons	tu narguerais	tu aurais nargué
narguez	il narguerait	il aurait nargué
	nous narguerions	nous aurions nargué
	vous nargueriez	vous auriez nargué
	ils nargueraient	ils auraient nargué

	SUBJUNCTIVE	
PRESENT	IMPERFECT	PERFECT
je nargue	je narguasse	j'aie nargué
tu nargues	tu narguasses	tu aies nargué
il nargue	il narguât	il ait nargué
nous narguions	nous narguassions	nous ayons nargué
vous narguiez	vous narguassiez	vous ayez nargué
ils narguent	ils narguassent	ils aient nargué

INFINITIVE	PARTICIPLE
PRESENT	PRESENT
narguer	narguant
PAST	PAST
avoir nargué	nargué

NETTOYER to clean

PRESENT	IMPERFECT	FUTURE
je nettoie	je nettoyais	je nettoierai
tu nettoies	tu nettoyais	tu nettoieras
il nettoie	il nettoyait	il nettoiera
nous nettoyons	nous nettoyions	nous nettoierons
vous nettoyez	vous nettoyiez	vous nettoierez
ils nettoient	ils nettoyaient	ils nettoieront

PAST HISTORIC	PERFECT	PLUPERFECT
je nettoyai	j'ai nettoyé	j'avais nettoyé
tu nettoyas	tu as nettoyé	tu avais nettoyé
il nettoya	il a nettoyé	il avait nettoyé
nous nettoyâmes	nous avons nettoyé	nous avions nettoyé
vous nettoyâtes	vous avez nettoyé	vous aviez nettoyé
ils nettoyèrent	ils ont nettoyé	ils avaient nettoyé

PAST ANTERIOR	FUTURE PERFECT
j'eus nettoyé etc	j'aurai nettoyé etc

IMPERATIVE

CONDITIONAL

IMPERATIVE	PRESENT	PAST
nettoie	je nettoierais	j'aurais nettoyé
nettoyons	tu nettoierais	tu aurais nettoyé
nettoyez	il nettoierait	il aurait nettoyé
	nous nettoierions	nous aurions nettoyé
	vous nettoieriez	vous auriez nettoyé
	ils nettoieraient	ils auraient nettoyé

SUBJUNCTIVE

PRESENT	IMPERFECT	PERFECT
je nettoie	je nettoyasse	j'aie nettoyé
tu nettoies	tu nettoyasses	tu aies nettoyé
il nettoie	il nettoyât	il ait nettoyé
nous nettoyions	nous nettoyassions	nous ayons nettoyé
vous nettoyiez	vous nettoyassiez	vous ayez nettoyé
ils nettoient	ils nettoyassent	ils aient nettoyé

INFINITIVE	PARTICIPLE
PRESENT	PRESENT
nettoyer	nettoyant
PAST	PAST
avoir nettoyé	nettoyé

NUIRE to harm

NUIRE to harm

130

PRESENT	IMPERFECT	FUTURE
je nuis	je nuisais	je nuirai
tu nuis	tu nuisais	tu nuiras
il nuit	il nuisait	il nuira
nous nuisons	nous nuisions	nous nuirons
vous nuisez	vous nuisiez	vous nuirez
ils nuisent	ils nuisaient	ils nuiront

PAST HISTORIC	PERFECT	PLUPERFECT
je nuisis	j'ai nui	j'avais nui
tu nuisis	tu as nui	tu avais nui
il nuisit	il a nui	il avait nui
nous nuisîmes	nous avons nui	nous avions nui
vous nuisîtes	vous avez nui	vous aviez nui
ils nuisirent	ils ont nui	ils avaient nui

PAST ANTERIOR	FUTURE PERFECT
j'eus nui etc	j'aurai nui etc

IMPERATIVE

CONDITIONAL

	PRESENT	PAST
nuis	je nuirais	j'aurais nui
nuisons	tu nuirais	tu aurais nui
nuisez	il nuirait	il aurait nui
	nous nuirions	nous aurions nui
	vous nuiriez	vous auriez nui
	ils nuiraient	ils auraient nui

SUBJUNCTIVE

PRESENT	IMPERFECT	PERFECT
je nuise	je nuisisse	j'aie nui
tu nuises	tu nuisisses	tu aies nui
il nuise	il nuisît	il ait nui
nous nuisions	nous nuisissions	nous ayons nui
vous nuisiez	vous nuisissiez	vous ayez nui
ils nuisent	ils nuisissent	ils aient nui

INFINITIVE	PARTICIPLE
PRESENT	PRESENT
nuire	nuisant
PAST	PAST
avoir nui	nui

OBÉIR to obey

PRESENT	IMPERFECT	FUTURE
j'obéis	j'obéissais	j'obéirai
tu obéis	tu obéissais	tu obéiras
il obéit	il obéissait	il obéira
nous obéissons	nous obéissions	nous obéirons
vous obéissez	vous obéissiez	vous obéirez
ils obéissent	ils obéissaient	ils obéiront

PAST HISTORIC	PERFECT	PLUPERFECT
j'obéis	j'ai obéi	j'avais obéi
tu obéis	tu as obéi	tu avais obéi
il obéit	il a obéi	il avait obéi
nous obéîmes	nous avons obéi	nous avions obéi
vous obéîtes	vous avez obéi	vous aviez obéi
ils obéirent	ils ont obéi	ils avaient obéi

PAST ANTERIOR	FUTURE PERFECT
j'eus obéi etc	j'aurai obéi etc

IMPERATIVE

obéis
obéissons
obéissez

CONDITIONAL

PRESENT	PAST
j'obéirais	j'aurais obéi
tu obéirais	tu aurais obéi
il obéirait	il aurait obéi
nous obéirions	nous aurions obéi
vous obéiriez	vous auriez obéi
ils obéiraient	ils auraient obéi

SUBJUNCTIVE

PRESENT	IMPERFECT	PERFECT
j'obéisse	j'obéisse	j'aie obéi
tu obéisses	tu obéisses	tu aies obéi
il obéisse	il obéît	il ait obéi
nous obéissions	nous obéissions	nous ayons obéi
vous obéissiez	vous obéissiez	vous ayez obéi
ils obéissent	ils obéissent	ils aient obéi

INFINITIVE

PRESENT

obéir

PAST

avoir obéi

PARTICIPLE

PRESENT

obéissant

PAST

obéi

OBTENIR to get

PRESENT	**IMPERFECT**	**FUTURE**
j'obtiens	j'obtenais	j'obtiendrai
tu obtiens	tu obtenais	tu obtiendras
il obtient	il obtenait	il obtiendra
nous obtenons	nous obtenions	nous obtiendrons
vous obtenez	vous obteniez	vous obtiendrez
ils obtiennent	ils obtenaient	ils obtiendront

PAST HISTORIC	**PERFECT**	**PLUPERFECT**
j'obtins	j'ai obtenu	j'avais obtenu
tu obtins	tu as obtenu	tu avais obtenu
il obtint	il a obtenu	il avait obtenu
nous obtînmes	nous avons obtenu	nous avions obtenu
vous obtîntes	vous avez obtenu	vous aviez obtenu
ils obtinrent	ils ont obtenu	ils avaient obtenu

PAST ANTERIOR	**FUTURE PERFECT**
j'eus obtenu etc	j'aurai obtenu etc

IMPERATIVE	**CONDITIONAL**	
	PRESENT	**PAST**
obtiens	j'obtiendrais	j'aurais obtenu
obtenons	tu obtiendrais	tu aurais obtenu
obtenez	il obtiendrait	il aurait obtenu
	nous obtiendrions	nous aurions obtenu
	vous obtiendriez	vous auriez obtenu
	ils obtiendraient	ils auraient obtenu

SUBJUNCTIVE

PRESENT	**IMPERFECT**	**PERFECT**
j'obtienne	j'obtinsse	j'aie obtenu
tu obtiennes	tu obtinsses	tu aies obtenu
il obtienne	il obtînt	il ait obtenu
nous obtenions	nous obtinssions	nous ayons obtenu
vous obteniez	vous obtinssiez	vous ayez obtenu
ils obtiennent	ils obtinssent	ils aient obtenu

INFINITIVE	**PARTICIPLE**
PRESENT	**PRESENT**
obtenir	obtenant
PAST	**PAST**
avoir obtenu	obtenu

PRESENT	**IMPERFECT**	**FUTURE**
j'offre	j'offrais	j'offrirai
tu offres	tu offrais	tu offriras
il offre	il offrait	il offrira
nous offrons	nous offrions	nous offrirons
vous offrez	vous offriez	vous offrirez
ils offrent	ils offraient	ils offriront

PAST HISTORIC	**PERFECT**	**PLUPERFECT**
j'offris	j'ai offert	j'avais offert
tu offris	tu as offert	tu avais offert
il offrit	il a offert	il avait offert
nous offrîmes	nous avons offert	nous avions offert
vous offrîtes	vous avez offert	vous aviez offert
ils offrirent	ils ont offert	ils avaient offert

PAST ANTERIOR	**FUTURE PERFECT**
j'eus offert etc	j'aurai offert etc

IMPERATIVE   **CONDITIONAL**

	PRESENT	**PAST**
offre	j'offrirais	j'aurais offert
offrons	tu offrirais	tu aurais offert
offrez	il offrirait	il aurait offert
	nous offririons	nous aurions offert
	vous offririez	vous auriez offert
	ils offriraient	ils auraient offert

SUBJUNCTIVE

PRESENT	**IMPERFECT**	**PERFECT**
j'offre	j'offrisse	j'aie offert
tu offres	tu offrisses	tu aies offert
il offre	il offrît	il ait offert
nous offrions	nous offrissions	nous ayons offert
vous offriez	vous offrissiez	vous ayez offert
ils offrent	ils offrissent	ils aient offert

INFINITIVE	**PARTICIPLE**
PRESENT	**PRESENT**
offrir	offrant
PAST	**PAST**
avoir offert	offert

PRESENT	IMPERFECT	FUTURE
j'ouvre	j'ouvrais	j'ouvrirai
tu ouvres	tu ouvrais	tu ouvriras
il ouvre	il ouvrait	il ouvrira
nous ouvrons	nous ouvrions	nous ouvrirons
vous ouvrez	vous ouvriez	vous ouvrirez
ils ouvrent	ils ouvraient	ils ouvriront

PAST HISTORIC	PERFECT	PLUPERFECT
j'ouvris	j'ai ouvert	j'avais ouvert
tu ouvris	tu as ouvert	tu avais ouvert
il ouvrit	il a ouvert	il avait ouvert
nous ouvrîmes	nous avons ouvert	nous avions ouvert
vous ouvrîtes	vous avez ouvert	vous aviez ouvert
ils ouvrirent	ils ont ouvert	ils avaient ouvert

PAST ANTERIOR	FUTURE PERFECT
j'eus ouvert etc	j'aurai ouvert etc

IMPERATIVE   CONDITIONAL

IMPERATIVE	PRESENT	PAST
ouvre	j'ouvrirais	j'aurais ouvert
ouvrons	tu ouvrirais	tu aurais ouvert
ouvrez	il ouvrirait	il aurait ouvert
	nous ouvririons	nous aurions ouvert
	vous ouvririez	vous auriez ouvert
	ils ouvriraient	ils auraient ouvert

SUBJUNCTIVE

PRESENT	IMPERFECT	PERFECT
j'ouvre	j'ouvrisse	j'aie ouvert
tu ouvres	tu ouvrisses	tu aies ouvert
il ouvre	il ouvrît	il ait ouvert
nous ouvrions	nous ouvrissions	nous ayons ouvert
vous ouvriez	vous ouvrissiez	vous ayez ouvert
ils ouvrent	ils ouvrissent	ils aient ouvert

INFINITIVE	PARTICIPLE
PRESENT	PRESENT
ouvrir	ouvrant
PAST	PAST
avoir ouvert	ouvert

PAÎTRE to graze

PRESENT	IMPERFECT	FUTURE
je pais	je paissais	je paîtrai
tu pais	tu paissais	tu paîtras
il paît	il paissait	il paîtra
nous paissons	nous paissions	nous paîtrons
vous paissez	vous paissiez	vous paîtrez
ils paissent	ils paissaient	ils paîtront

PAST HISTORIC	PERFECT	PLUPERFECT

PAST ANTERIOR	FUTURE PERFECT

IMPERATIVE	CONDITIONAL	
	PRESENT	PAST
pais	je paîtrais	
paissons	tu paîtrais	
paissez	il paîtrait	
	nous paîtrions	
	vous paîtriez	
	ils paîtraient	

SUBJUNCTIVE

PRESENT	IMPERFECT	PERFECT
je paisse		
tu paisses		
il paisse		
nous paissions		
vous paissiez		
ils paissent		

INFINITIVE	PARTICIPLE
PRESENT	**PRESENT**
paître	paissant
PAST	**PAST**
	pu

PARAÎTRE to appear

PRESENT	IMPERFECT	FUTURE
je parais	je paraissais	je paraîtrai
tu parais	tu paraissais	tu paraîtras
il paraît	il paraissait	il paraîtra
nous paraissons	nous paraissions	nous paraîtrons
vous paraissez	vous paraissiez	vous paraîtrez
ils paraissent	ils paraissaient	ils paraîtront

PAST HISTORIC	PERFECT	PLUPERFECT
je parus	j'ai paru	j'avais paru
tu parus	tu as paru	tu avais paru
il parut	il a paru	il avait paru
nous parûmes	nous avons paru	nous avions paru
vous parûtes	vous avez paru	vous aviez paru
ils parurent	ils ont paru	ils avaient paru

PAST ANTERIOR	FUTURE PERFECT
j'eus paru etc	j'aurai paru etc

IMPERATIVE	CONDITIONAL	
	PRESENT	PAST
parais	je paraîtrais	j'aurais paru
paraissons	tu paraîtrais	tu aurais paru
paraissez	il paraîtrait	il aurait paru
	nous paraîtrions	nous aurions paru
	vous paraîtriez	vous auriez paru
	ils paraîtraient	ils auraient paru

SUBJUNCTIVE

PRESENT	IMPERFECT	PERFECT
je paraisse	je parusse	j'aie paru
tu paraisses	tu parusses	tu aies paru
il paraisse	il parût	il ait paru
nous paraissions	nous parussions	nous ayons paru
vous paraissiez	vous parussiez	vous ayez paru
ils paraissent	ils parussent	ils aient paru

INFINITIVE	PARTICIPLE	NOTE
PRESENT	**PRESENT**	**paraître** takes the auxiliary 'être' when it means 'to be published'
paraître	paraissant	**apparaître** can also take the auxiliary 'être'
PAST	**PAST**	
avoir paru	paru	

159

PARTIR to go away

PRESENT	IMPERFECT	FUTURE
je pars	je partais	je partirai
tu pars	tu partais	tu partiras
il part	il partait	il partira
nous partons	nous partions	nous partirons
vous partez	vous partiez	vous partirez
ils partent	ils partaient	ils partiront

PAST HISTORIC	PERFECT	PLUPERFECT
je partis	je suis parti	j'étais parti
tu partis	tu es parti	tu étais parti
il partit	il est parti	il était parti
nous partîmes	nous sommes partis	nous étions partis
vous partîtes	vous êtes parti(s)	vous étiez parti(s)
ils partirent	ils sont partis	ils étaient partis

PAST ANTERIOR	FUTURE PERFECT
je fus parti etc	je serai parti etc

IMPERATIVE	CONDITIONAL	
	PRESENT	PAST
pars	je partirais	je serais parti
partons	tu partirais	tu serais parti
partez	il partirait	il serait parti
	nous partirions	nous serions partis
	vous partiriez	vous seriez parti(s)
	ils partiraient	ils seraient partis

SUBJUNCTIVE

PRESENT	IMPERFECT	PERFECT
je parte	je partisse	je sois parti
tu partes	tu partisses	tu sois parti
il parte	il partît	il soit parti
nous partions	nous partissions	nous soyons partis
vous partiez	vous partissiez	vous soyez parti(s)
ils partent	ils partissent	ils soient partis

INFINITIVE	PARTICIPLE	NOTE
PRESENT	PRESENT	**repartir** takes the auxiliary 'avoir' when it means 'to reply'
partir	partant	
PAST	PAST	
être parti	parti	

PARVENIR to reach

PRESENT	IMPERFECT	FUTURE
je parviens	je parvenais	je parviendrai
tu parviens	tu parvenais	tu parviendras
il parvient	il parvenait	il parviendra
nous parvenons	nous parvenions	nous parviendrons
vous parvenez	vous parveniez	vous parviendrez
ils parviennent	ils parvenaient	ils parviendront

PAST HISTORIC	PERFECT	PLUPERFECT
je parvins	je suis parvenu	j'étais parvenu
tu parvins	tu es parvenu	tu étais parvenu
il parvint	il est parvenu	il était parvenu
nous parvînmes	nous sommes parvenus	nous étions parvenus
vous parvîntes	vous êtes parvenu(s)	vous étiez parvenu(s)
ils parvinrent	ils sont parvenus	ils étaient parvenus

PAST ANTERIOR	FUTURE PERFECT
je fus parvenu etc	je serai parvenu etc

IMPERATIVE	CONDITIONAL	
	PRESENT	PAST
parviens	je parviendrais	je serais parvenu
parvenons	tu parviendrais	tu serais parvenu
parvenez	il parviendrait	il serait parvenu
	nous parviendrions	nous serions parvenus
	vous parviendriez	vous seriez parvenu(s)
	ils parviendraient	ils seraient parvenus

SUBJUNCTIVE

PRESENT	IMPERFECT	PERFECT
je parvienne	je parvinsse	je sois parvenu
tu parviennes	tu parvinsses	tu sois parvenu
il parvienne	il parvînt	il soit parvenu
nous parvenions	nous parvinssions	nous soyons parvenus
vous parveniez	vous parvinssiez	vous soyez parvenu(s)
ils parviennent	ils parvinssent	ils soient parvenus

INFINITIVE	PARTICIPLE
PRESENT	PRESENT
parvenir	parvenant
PAST	PAST
être parvenu	parvenu

PASSER to pass

PRESENT	**IMPERFECT**	**FUTURE**
je passe	je passais	je passerai
tu passes	tu passais	tu passeras
il passe	il passait	il passera
nous passons	nous passions	nous passerons
vous passez	vous passiez	vous passerez
ils passent	ils passaient	ils passeront

PAST HISTORIC	**PERFECT**	**PLUPERFECT**
je passai	j'ai passé	j'avais passé
tu passas	tu as passé	tu avais passé
il passa	il a passé	il avait passé
nous passâmes	nous avons passé	nous avions passé
vous passâtes	vous avez passé	vous aviez passé
ils passèrent	ils ont passé	ils avaient passé

PAST ANTERIOR	**FUTURE PERFECT**
j'eus passé etc	j'aurai passé etc

IMPERATIVE	**CONDITIONAL**	
	PRESENT	**PAST**
passe	je passerais	j'aurais passé
passons	tu passerais	tu aurais passé
passez	il passerait	il aurait passé
	nous passerions	nous aurions passé
	vous passeriez	vous auriez passé
	ils passeraient	ils auraient passé

SUBJUNCTIVE

PRESENT	**IMPERFECT**	**PERFECT**
je passe	je passasse	j'aie passé
tu passes	tu passasses	tu aies passé
il passe	il passât	il ait passé
nous passions	nous passassions	nous ayons passé
vous passiez	vous passassiez	vous ayez passé
ils passent	ils passassent	ils aient passé

INFINITIVE	**PARTICIPLE**	**NOTE**
PRESENT	**PRESENT**	**passer** can take the auxiliary 'être' when it means 'to go/come past'
passer	passant	**repasser** can take the auxiliary 'être' when it means 'to go/come past again'
PAST	**PAST**	
avoir passé	passé	

PAYER to pay

PRESENT	IMPERFECT	FUTURE
je paye	je payais	je payerai
tu payes	tu payais	tu payeras
il paye	il payait	il payera
nous payons	nous payions	nous payerons
vous payez	vous payiez	vous payerez
ils payent	ils payaient	ils payeront

PAST HISTORIC	PERFECT	PLUPERFECT
je payai	j'ai payé	j'avais payé
tu payas	tu as payé	tu avais payé
il paya	il a payé	il avait payé
nous payâmes	nous avons payé	nous avions payé
vous payâtes	vous avez payé	vous aviez payé
ils payèrent	ils ont payé	ils avaient payé

PAST ANTERIOR	FUTURE PERFECT
j'eus payé etc	j'aurai payé etc

IMPERATIVE	CONDITIONAL	
	PRESENT	PAST
paye	je payerais	j'aurais payé
payons	tu payerais	tu aurais payé
payez	il payerait	il aurait payé
	nous payerions	nous aurions payé
	vous payeriez	vous auriez payé
	ils payeraient	ils auraient payé

SUBJUNCTIVE

PRESENT	IMPERFECT	PERFECT
je paye	je payasse	j'aie payé
tu payes	tu payasses	tu aies payé
il paye	il payât	il ait payé
nous payions	nous payassions	nous ayons payé
vous payiez	vous payassiez	vous ayez payé
ils payent	ils payassent	ils aient payé

INFINITIVE	PARTICIPLE
PRESENT	**PRESENT**
payer	payant
PAST	**PAST**
avoir payé	payé

PRESENT	**IMPERFECT**	**FUTURE**
je peins	je peignais	je peindrai
tu peins	tu peignais	tu peindras
il peint	il peignait	il peindra
nous peignons	nous peignions	nous peindrons
vous peignez	vous peigniez	vous peindrez
ils peignent	ils peignaient	ils peindront

PAST HISTORIC	**PERFECT**	**PLUPERFECT**
je peignis	j'ai peint	j'avais peint
tu peignis	tu as peint	tu avais peint
il peignit	il a peint	il avait peint
nous peignîmes	nous avons peint	nous avions peint
vous peignîtes	vous avez peint	vous aviez peint
ils peignirent	ils ont peint	ils avaient peint

PAST ANTERIOR	**FUTURE PERFECT**
j'eus peint etc	j'aurai peint etc

IMPERATIVE	**CONDITIONAL**	
	PRESENT	**PAST**
peins	je peindrais	j'aurais peint
peignons	tu peindrais	tu aurais peint
peignez	il peindrait	il aurait peint
	nous peindrions	nous aurions peint
	vous peindriez	vous auriez peint
	ils peindraient	ils auraient peint

SUBJUNCTIVE

PRESENT	**IMPERFECT**	**PERFECT**
je peigne	je peignisse	j'aie peint
tu peignes	tu peignisses	tu aies peint
il peigne	il peignît	il ait peint
nous peignions	nous peignissions	nous ayons peint
vous peigniez	vous peignissiez	vous ayez peint
ils peignent	ils peignissent	ils aient peint

INFINITIVE	**PARTICIPLE**
PRESENT	**PRESENT**
peindre	peignant
PAST	**PAST**
avoir peint	peint

PELER to peel

PRESENT	IMPERFECT	FUTURE
je pèle	je pelais	je pèlerai
tu pèles	tu pelais	tu pèleras
il pèle	il pelait	il pèlera
nous pelons	nous pelions	nous pèlerons
vous pelez	vous peliez	vous pèlerez
ils pèlent	ils pelaient	ils pèleront

PAST HISTORIC	PERFECT	PLUPERFECT
je pelai	j'ai pelé	j'avais pelé
tu pelas	tu as pelé	tu avais pelé
il pela	il a pelé	il avait pelé
nous pelâmes	nous avons pelé	nous avions pelé
vous pelâtes	vous avez pelé	vous aviez pelé
ils pelèrent	ils ont pelé	ils avaient pelé

PAST ANTERIOR	FUTURE PERFECT
j'eus pelé etc	j'aurai pelé etc

IMPERATIVE	CONDITIONAL	
	PRESENT	PAST
pèle	je pèlerais	j'aurais pelé
pelons	tu pèlerais	tu aurais pelé
pelez	il pèlerait	il aurait pelé
	nous pèlerions	nous aurions pelé
	vous pèleriez	vous auriez pelé
	ils pèleraient	ils auraient pelé

SUBJUNCTIVE

PRESENT	IMPERFECT	PERFECT
je pèle	je pelasse	j'aie pelé
tu pèles	tu pelasses	tu aies pelé
il pèle	il pelât	il ait pelé
nous pelions	nous pelassions	nous ayons pelé
vous peliez	vous pelassiez	vous ayez pelé
ils pèlent	ils pelassent	ils aient pelé

INFINITIVE	PARTICIPLE
PRESENT	PRESENT
peler	pelant
PAST	PAST
avoir pelé	pelé

PÉNÉTRER to enter

PRESENT	IMPERFECT	FUTURE
je pénètre	je pénétrais	je pénétrerai
tu pénètres	tu pénétrais	tu pénétreras
il pénètre	il pénétrait	il pénétrera
nous pénétrons	nous pénétrions	nous pénétrerons
vous pénétrez	vous pénétriez	vous pénétrerez
ils pénètrent	ils pénétraient	ils pénétreront

PAST HISTORIC	PERFECT	PLUPERFECT
je pénétrai	j'ai pénétré	j'avais pénétré
tu pénétras	tu as pénétré	tu avais pénétré
il pénétra	il a pénétré	il avait pénétré
nous pénétrâmes	nous avons pénétré	nous avions pénétré
vous pénétrâtes	vous avez pénétré	vous aviez pénétré
ils pénétrèrent	ils ont pénétré	ils avaient pénétré

PAST ANTERIOR	FUTURE PERFECT
j'eus pénétré etc	j'aurai pénétré etc

IMPERATIVE

CONDITIONAL

	PRESENT	PAST
pénètre	je pénétrerais	j'aurais pénétré
pénétrons	tu pénétrerais	tu aurais pénétré
pénétrez	il pénétrerait	il aurait pénétré
	nous pénétrerions	nous aurions pénétré
	vous pénétreriez	vous auriez pénétré
	ils pénétreraient	ils auraient pénétré

SUBJUNCTIVE

PRESENT	IMPERFECT	PERFECT
je pénètre	je pénétrasse	j'aie pénétré
tu pénètres	tu pénétrasses	tu aies pénétré
il pénètre	il pénétrât	il ait pénétré
nous pénétrions	nous pénétrassions	nous ayons pénétré
vous pénétriez	vous pénétrassiez	vous ayez pénétré
ils pénètrent	ils pénétrassent	ils aient pénétré

INFINITIVE	PARTICIPLE
PRESENT	PRESENT
pénétrer	pénétrant
PAST	PAST
avoir pénétré	pénétré

PERDRE to lose

PRESENT
je perds
tu perds
il perd
nous perdons
vous perdez
ils perdent

IMPERFECT
je perdais
tu perdais
il perdait
nous perdions
vous perdiez
ils perdaient

FUTURE
je perdrai
tu perdras
il perdra
nous perdrons
vous perdrez
ils perdront

PAST HISTORIC
je perdis
tu perdis
il perdit
nous perdîmes
vous perdîtes
ils perdirent

PERFECT
j'ai perdu
tu as perdu
il a perdu
nous avons perdu
vous avez perdu
ils ont perdu

PLUPERFECT
j'avais perdu
tu avais perdu
il avait perdu
nous avions perdu
vous aviez perdu
ils avaient perdu

PAST ANTERIOR
j'eus perdu etc

FUTURE PERFECT
j'aurai perdu etc

IMPERATIVE
perds
perdons
perdez

CONDITIONAL

PRESENT
je perdrais
tu perdrais
il perdrait
nous perdrions
vous perdriez
ils perdraient

PAST
j'aurais perdu
tu aurais perdu
il aurait perdu
nous aurions perdu
vous auriez perdu
ils auraient perdu

SUBJUNCTIVE

PRESENT
je perde
tu perdes
il perde
nous perdions
vous perdiez
ils perdent

IMPERFECT
je perdisse
tu perdisses
il perdît
nous perdissions
vous perdissiez
ils perdissent

PERFECT
j'aie perdu
tu aies perdu
il ait perdu
nous ayons perdu
vous ayez perdu
ils aient perdu

INFINITIVE
PRESENT
perdre
PAST
avoir perdu

PARTICIPLE
PRESENT
perdant
PAST
perdu

PERMETTRE to allow

PRESENT	IMPERFECT	FUTURE
je permets	je permettais	je permettrai
tu permets	tu permettais	tu permettras
il permet	il permettait	il permettra
nous permettons	nous permettions	nous permettrons
vous permettez	vous permettiez	vous permettrez
ils permettent	ils permettaient	ils permettront

PAST HISTORIC	PERFECT	PLUPERFECT
je permis	j'ai permis	j'avais permis
tu permis	tu as permis	tu avais permis
il permit	il a permis	il avait permis
nous permîmes	nous avons permis	nous avions permis
vous permîtes	vous avez permis	vous aviez permis
ils permirent	ils ont permis	ils avaient permis

PAST ANTERIOR	FUTURE PERFECT
j'eus permis etc	j'aurai permis etc

IMPERATIVE	CONDITIONAL	
	PRESENT	PAST
permets	je permettrais	j'aurais permis
permettons	tu permettrais	tu aurais permis
permettez	il permettrait	il aurait permis
	nous permettrions	nous aurions permis
	vous permettriez	vous auriez permis
	ils permettraient	ils auraient permis

SUBJUNCTIVE

PRESENT	IMPERFECT	PERFECT
je permette	je permisse	j'aie permis
tu permettes	tu permisses	tu aies permis
il permette	il permît	il ait permis
nous permettions	nous permissions	nous ayons permis
vous permettiez	vous permissiez	vous ayez permis
ils permettent	ils permissent	ils aient permis

INFINITIVE	PARTICIPLE
PRESENT	PRESENT
permettre	permettant
PAST	PAST
avoir permis	permis

PRESENT	IMPERFECT	FUTURE
je pèse	je pesais	je pèserai
tu pèses	tu pesais	tu pèseras
il pèse	il pesait	il pèsera
nous pesons	nous pesions	nous pèserons
vous pesez	vous pesiez	vous pèserez
ils pèsent	ils pesaient	ils pèseront

PAST HISTORIC	PERFECT	PLUPERFECT
je pesai	j'ai pesé	j'avais pesé
tu pesas	tu as pesé	tu avais pesé
il pesa	il a pesé	il avait pesé
nous pesâmes	nous avons pesé	nous avions pesé
vous pesâtes	vous avez pesé	vous aviez pesé
ils pesèrent	ils ont pesé	ils avaient pesé

PAST ANTERIOR	FUTURE PERFECT
j'eus pesé etc	j'aurai pesé etc

IMPERATIVE	CONDITIONAL	
	PRESENT	PAST
pèse	je pèserais	j'aurais pesé
pesons	tu pèserais	tu aurais pesé
pesez	il pèserait	il aurait pesé
	nous pèserions	nous aurions pesé
	vous pèseriez	vous auriez pesé
	ils pèseraient	ils auraient pesé

SUBJUNCTIVE

PRESENT	IMPERFECT	PERFECT
je pèse	je pesasse	j'aie pesé
tu pèses	tu pesasses	tu aies pesé
il pèse	il pesât	il ait pesé
nous pesions	nous pesassions	nous ayons pesé
vous pesiez	vous pesassiez	vous ayez pesé
ils pèsent	ils pesassent	ils aient pesé

INFINITIVE	PARTICIPLE
PRESENT	PRESENT
peser	pesant
PAST	PAST
avoir pesé	pesé

PLACER to place

PRESENT	IMPERFECT	FUTURE
je place	je plaçais	je placerai
tu places	tu plaçais	tu placeras
il place	il plaçait	il placera
nous plaçons	nous placions	nous placerons
vous placez	vous placiez	vous placerez
ils placent	ils plaçaient	ils placeront

PAST HISTORIC	PERFECT	PLUPERFECT
je plaçai	j'ai placé	j'avais placé
tu plaças	tu as placé	tu avais placé
il plaça	il a placé	il avait placé
nous plaçâmes	nous avons placé	nous avions placé
vous plaçâtes	vous avez placé	vous aviez placé
ils placèrent	ils ont placé	ils avaient placé

PAST ANTERIOR	FUTURE PERFECT
j'eus placé etc	j'aurai placé etc

IMPERATIVE	CONDITIONAL	
	PRESENT	PAST
place	je placerais	j'aurais placé
plaçons	tu placerais	tu aurais placé
placez	il placerait	il aurait placé
	nous placerions	nous aurions placé
	vous placeriez	vous auriez placé
	ils placeraient	ils auraient placé

SUBJUNCTIVE

PRESENT	IMPERFECT	PERFECT
je place	je plaçasse	j'aie placé
tu places	tu plaçasses	tu aies placé
il place	il plaçât	il ait placé
nous placions	nous plaçassions	nous ayons placé
vous placiez	vous plaçassiez	vous ayez placé
ils placent	ils plaçassent	ils aient placé

INFINITIVE	PARTICIPLE
PRESENT	PRESENT
placer	plaçant
PAST	PAST
avoir placé	placé

PRESENT	IMPERFECT	FUTURE
je plais	je plaisais	je plairai
tu plais	tu plaisais	tu plairas
il plaît	il plaisait	il plaira
nous plaisons	nous plaisions	nous plairons
vous plaisez	vous plaisiez	vous plairez
ils plaisent	ils plaisaient	ils plairont

PAST HISTORIC	PERFECT	PLUPERFECT
je plus	j'ai plu	j'avais plu
tu plus	tu as plu	tu avais plu
il plut	il a plu	il avait plu
nous plûmes	nous avons plu	nous avions plu
vous plûtes	vous avez plu	vous aviez plu
ils plurent	ils ont plu	ils avaient plu

PAST ANTERIOR	FUTURE PERFECT
j'eus plu etc	j'aurai plu etc

IMPERATIVE	CONDITIONAL	
	PRESENT	PAST
plais	je plairais	j'aurais plu
plaisons	tu plairais	tu aurais plu
plaisez	il plairait	il aurait plu
	nous plairions	nous aurions plu
	vous plairiez	vous auriez plu
	ils plairaient	ils auraient plu

SUBJUNCTIVE

PRESENT	IMPERFECT	PERFECT
je plaise	je plusse	j'aie plu
tu plaises	tu plusses	tu aies plu
il plaise	il plût	il ait plu
nous plaisions	nous plussions	nous ayons plu
vous plaisiez	vous plussiez	vous ayez plu
ils plaisent	ils plussent	ils aient plu

INFINITIVE	PARTICIPLE	NOTE
PRESENT	PRESENT	cette idée me plaît = I like this idea
plaire	plaisant	
PAST	PAST	
avoir plu	plu	

PLEUVOIR to rain

PRESENT	**IMPERFECT**	**FUTURE**
il pleut	il pleuvait	il pleuvra

PAST HISTORIC	**PERFECT**	**PLUPERFECT**
il plut	il a plu	il avait plu

PAST ANTERIOR	**FUTURE PERFECT**
il eut plu	il aura plu

IMPERATIVE

CONDITIONAL

PRESENT	**PAST**
il pleuvrait	il aurait plu

SUBJUNCTIVE

PRESENT	**IMPERFECT**	**PERFECT**
il pleuve	il plût	il ait plu

INFINITIVE	**PARTICIPLE**
PRESENT	**PRESENT**
pleuvoir	pleuvant
PAST	**PAST**
avoir plu	plu

PRESENT	IMPERFECT	FUTURE
je plonge	je plongeais	je plongerai
tu plonges	tu plongeais	tu plongeras
il plonge	il plongeait	il plongera
nous plongeons	nous plongions	nous plongerons
vous plongez	vous plongiez	vous plongerez
ils plongent	ils plongeaient	ils plongeront

PAST HISTORIC	PERFECT	PLUPERFECT
je plongeai	j'ai plongé	j'avais plongé
tu plongeas	tu as plongé	tu avais plongé
il plongea	il a plongé	il avait plongé
nous plongeâmes	nous avons plongé	nous avions plongé
vous plongeâtes	vous avez plongé	vous aviez plongé
ils plongèrent	ils ont plongé	ils avaient plongé

PAST ANTERIOR	FUTURE PERFECT
j'eus plongé etc	j'aurai plongé etc

IMPERATIVE	CONDITIONAL	
	PRESENT	PAST
plonge	je plongerais	j'aurais plongé
plongeons	tu plongerais	tu aurais plongé
plongez	il plongerait	il aurait plongé
	nous plongerions	nous aurions plongé
	vous plongeriez	vous auriez plongé
	ils plongeraient	ils auraient plongé

SUBJUNCTIVE

PRESENT	IMPERFECT	PERFECT
je plonge	je plongeasse	j'aie plongé
tu plonges	tu plongeasses	tu aies plongé
il plonge	il plongeât	il ait plongé
nous plongions	nous plongeassions	nous ayons plongé
vous plongiez	vous plongeassiez	vous ayez plongé
ils plongent	ils plongeassent	ils aient plongé

INFINITIVE	PARTICIPLE
PRESENT	PRESENT
plonger	plongeant
PAST	PAST
avoir plongé	plongé

POINDRE to dawn

PRESENT	IMPERFECT	FUTURE
il point		il poindra

PAST HISTORIC	PERFECT	PLUPERFECT

PAST ANTERIOR	FUTURE PERFECT

IMPERATIVE   CONDITIONAL

	PRESENT	PAST

SUBJUNCTIVE

PRESENT	IMPERFECT	PERFECT

INFINITIVE	PARTICIPLE
PRESENT	PRESENT
poindre	
PAST	PAST

PRESENT

je possède
tu possèdes
il possède
nous possédons
vous possédez
ils possèdent

IMPERFECT

je possédais
tu possédais
il possédait
nous possédions
vous possédiez
ils possédaient

FUTURE

je posséderai
tu posséderas
il possédera
nous posséderons
vous posséderez
ils posséderont

PAST HISTORIC

je possédai
tu possédas
il posséda
nous possédâmes
vous possédâtes
ils possédèrent

PERFECT

j'ai possédé
tu as possédé
il a possédé
nous avons possédé
vous avez possédé
ils ont possédé

PLUPERFECT

j'avais possédé
tu avais possédé
il avait possédé
nous avions possédé
vous aviez possédé
ils avaient possédé

PAST ANTERIOR

j'eus possédé etc

FUTURE PERFECT

j'aurai possédé etc

IMPERATIVE

possède
possédons
possédez

CONDITIONAL

PRESENT

je posséderais
tu posséderais
il posséderait
nous posséderions
vous posséderiez
ils posséderaient

PAST

j'aurais possédé
tu aurais possédé
il aurait possédé
nous aurions possédé
vous auriez possédé
ils auraient possédé

SUBJUNCTIVE

PRESENT

je possède
tu possèdes
il possède
nous possédions
vous possédiez
ils possèdent

IMPERFECT

je possédasse
tu possédasses
il possédât
nous possédassions
vous possédassiez
ils possédassent

PERFECT

j'aie possédé
tu aies possédé
il ait possédé
nous ayons possédé
vous ayez possédé
ils aient possédé

INFINITIVE

PRESENT

posséder

PAST

avoir possédé

PARTICIPLE

PRESENT

possédant

PAST

possédé

POURVOIR to provide

PRESENT	IMPERFECT	FUTURE
je pourvois	je pourvoyais	je pourvoirai
tu pourvois	tu pourvoyais	tu pourvoiras
il pourvoit	il pourvoyait	il pourvoira
nous pourvoyons	nous pourvoyions	nous pourvoirons
vous pourvoyez	vous pourvoyiez	vous pourvoirez
ils pourvoient	ils pourvoyaient	ils pourvoiront

PAST HISTORIC	PERFECT	PLUPERFECT
je pourvus	j'ai pourvu	j'avais pourvu
tu pourvus	tu as pourvu	tu avais pourvu
il pourvut	il a pourvu	il avait pourvu
nous pourvûmes	nous avons pourvu	nous avions pourvu
vous pourvûtes	vous avez pourvu	vous aviez pourvu
ils pourvurent	ils ont pourvu	ils avaient pourvu

PAST ANTERIOR	FUTURE PERFECT
j'eus pourvu etc	j'aurai pourvu etc

IMPERATIVE	CONDITIONAL	
	PRESENT	PAST
pourvois	je pourvoirais	j'aurais pourvu
pourvoyons	tu pourvoirais	tu aurais pourvu
pourvoyez	il pourvoirait	il aurait pourvu
	nous pourvoirions	nous aurions pourvu
	vous pourvoiriez	vous auriez pourvu
	ils pourvoiraient	ils auraient pourvu

	SUBJUNCTIVE	
PRESENT	IMPERFECT	PERFECT
je pourvoie	je pourvusse	j'aie pourvu
tu pourvoies	tu pourvusses	tu aies pourvu
il pourvoie	il pourvût	il ait pourvu
nous pourvoyions	nous pourvussions	nous ayons pourvu
vous pourvoyiez	vous pourvussiez	vous ayez pourvu
ils pourvoient	ils pourvussent	ils aient pourvu

INFINITIVE	PARTICIPLE
PRESENT	PRESENT
pourvoir	pourvoyant
PAST	PAST
avoir pourvu	pourvu

POUSSER to push

PRESENT	IMPERFECT	FUTURE
je pousse	je poussais	je pousserai
tu pousses	tu poussais	tu pousseras
il pousse	il poussait	il poussera
nous poussons	nous poussions	nous pousserons
vous poussez	vous poussiez	vous pousserez
ils poussent	ils poussaient	ils pousseront

PAST HISTORIC	PERFECT	PLUPERFECT
je poussai	j'ai poussé	j'avais poussé
tu poussas	tu as poussé	tu avais poussé
il poussa	il a poussé	il avait poussé
nous poussâmes	nous avons poussé	nous avions poussé
vous poussâtes	vous avez poussé	vous aviez poussé
ils poussèrent	ils ont poussé	ils avaient poussé

PAST ANTERIOR	FUTURE PERFECT
j'eus poussé etc	j'aurai poussé etc

IMPERATIVE	CONDITIONAL	
	PRESENT	PAST
pousse	je pousserais	j'aurais poussé
poussons	tu pousserais	tu aurais poussé
poussez	il pousserait	il aurait poussé
	nous pousserions	nous aurions poussé
	vous pousseriez	vous auriez poussé
	ils pousseraient	ils auraient poussé

SUBJUNCTIVE

PRESENT	IMPERFECT	PERFECT
je pousse	je poussasse	j'aie poussé
tu pousses	tu poussasses	tu aies poussé
il pousse	il poussât	il ait poussé
nous poussions	nous poussassions	nous ayons poussé
vous poussiez	vous poussassiez	vous ayez poussé
ils poussent	ils poussassent	ils aient poussé

INFINITIVE	PARTICIPLE
PRESENT	PRESENT
pousser	poussant
PAST	PAST
avoir poussé	poussé

POUVOIR to be able to

PRESENT	IMPERFECT	FUTURE
je peux	je pouvais	je pourrai
tu peux	tu pouvais	tu pourras
il peut	il pouvait	il pourra
nous pouvons	nous pouvions	nous pourrons
vous pouvez	vous pouviez	vous pourrez
ils peuvent	ils pouvaient	ils pourront

PAST HISTORIC	PERFECT	PLUPERFECT
je pus	j'ai pu	j'avais pu
tu pus	tu as pu	tu avais pu
il put	il a pu	il avait pu
nous pûmes	nous avons pu	nous avions pu
vous pûtes	vous avez pu	vous aviez pu
ils purent	ils ont pu	ils avaient pu

PAST ANTERIOR	FUTURE PERFECT
j'eus pu etc	j'aurai pu etc

IMPERATIVE	CONDITIONAL	
	PRESENT	PAST
	je pourrais	j'aurais pu
	tu pourrais	tu aurais pu
	il pourrait	il aurait pu
	nous pourrions	nous aurions pu
	vous pourriez	vous auriez pu
	ils pourraient	ils auraient pu

SUBJUNCTIVE

PRESENT	IMPERFECT	PERFECT
je puisse	je pusse	j'aie pu
tu puisses	tu pusses	tu aies pu
il puisse	il pût	il ait pu
nous puissions	nous pussions	nous ayons pu
vous puissiez	vous pussiez	vous ayez pu
ils puissent	ils pussent	ils aient pu

INFINITIVE	PARTICIPLE
PRESENT	PRESENT
pouvoir	pouvant
PAST	PAST
avoir pu	pu